日経文庫
NIKKEI BUNKO

取締役の法律知識［第4版］

中島 茂

日本経済新聞出版

まえがき

本書は、取締役が日常の業務を進めるうえで必要な会社法の知識と注意事項とを、ポイントをしぼってわかりやすくまとめたものです。取締役の立場に立って、取締役は「株式会社」というビジネスシステム全体のなかでどのような役割を担うのか、その役割に照らして、仕事をする際にどのような点に注意したらよいのかを中心に整理しました。特に、取締役の法的な責任が問われるときに話題となる「善管注意義務」については、取締役の日常業務で役に立つように、「調査の重要性」「記録の重要性」など、実務に即して具体的、実践的に述べています。

本書の特徴は、取締役を「株主からの経営受託者」として位置付けていることです。法形式的には取締役は株式会社からの経営受託者です。けれども、会社の発展を願って本当に取締役に経営を委託しているのは「株主」です。その株主の期待、願いに応えることが取締役の使命だと気づくと、会社法の様々な論点の核心が、霧が晴れたように見えてきます。そればかりではなく、ビジネスのあり方、進むべき方向性も見えてきます。このような見方は株主重視経営、コーポレートガバナンスの考え方につながりますが、私は「株主からの経営受託者」という理解こそが基本だと思います。

ひとことで「株主」といっても、個人投資家、機関投資家、事業法人株主と様々な人々、組織があります。個人投資家のなかにも配当を頼りに生計を立てている人もいれば専門的なトレーダーもいます。それぞれに「願い」は多様です。こうした多様な願いをどのように整理し、受け止め、経営に生かしていくのか。取締役の悩みは尽きません。けれども、それは「株主」と真剣に向き合うからこその悩みであり、「正しい」悩みです。悩みから逃げることなく一つひとつ対応してビジネスを進めていくのが取締役の使命です。

本書の第一版は1995年に出版されました。その後、2005年の会社法制定を機に第2版、2014年の会社法改正時に第3版へと改訂しました。今回、2019年の会社法改正を受けて本書を第4版として、ほぼ全面的に書き改めました。会社法施行規則の改正も盛り込んであります。本書刊行にあたっては日経BP　日本経済新聞出版本部の赤木裕介氏に終始、お世話になりました。

現代は、デジタル化への対応、気候変動対策、人権保護など、取締役が背負う責務はますます多岐にわたり、重くなっている時代です。そうした時代にあって、本書が取締役の方々の日々の仕事の「羅針盤役」として少しでもお役に立つことを願っています。

2021年5月

中島茂

目次

第3章 監査役型の会社と取締役

第4章 監査等委員会型の会社、3委員会型の会社と取締役

第5章　取締役の資格・任期と選任・解任

第6章

取締役会の運営方法と取締役

第7章 取締役の善管注意義務

第8章 取締役の忠実義務

第9章 取締役と報酬

第10章 取締役の法的責任

＊本書における法律の条文の表記について

●法律名が省略されているものは、すべて会社法を指します
［「会社法331条」は（331条）とのみ表記］
●会社法施行規則は「会社規」、金融商品取引法は「金商法」と略記しています

第1章

取締役とは何か

1 従業員とはまったく異なる、取締役という立場

(1) 従業員は労働契約

「私も、いよいよ取締役に選任された！」。株主総会で新たに取締役に選任された方の胸中には、喜び、誇り、そして不安と、様々なものが押し寄せていることと思います。再任された取締役も「任期中の仕事ぶりが株主に認められた」と、ほっと、ひと安心という気持ちでしょう。新たな緊張感も感じておられるかもしれません。

そうした出発点に立つ際、ぜひ、理解していただきたい大原則があります。それは、従業員と取締役とでは契約のタイプがまったく異なるということです。従業員が会社と結んでいるのは会社を「使用者」、従業員を「労働者」とする**「労働契約」**です。労働者とは、「使用者に使用されて労働し、賃金を支払われる者」と労働契約法に定義されています（同法2条1項）。「使用される」とは「指揮命令に従う」という意味だとされていますので、従業員は労働者として使用者である会社の指揮命令に従う立場です。一言でいえ

図表 1-1
会社と従業員は労働契約

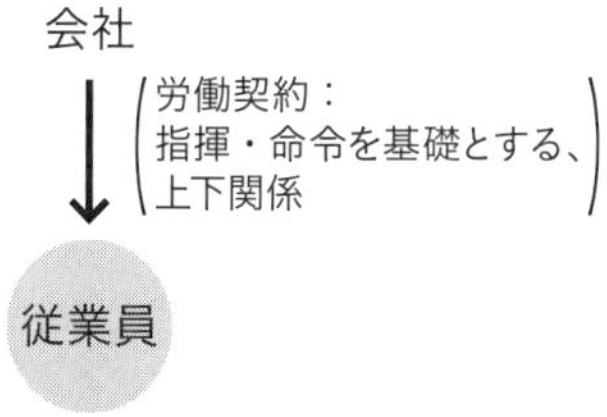

図表 1-2
会社と取締役は委任契約

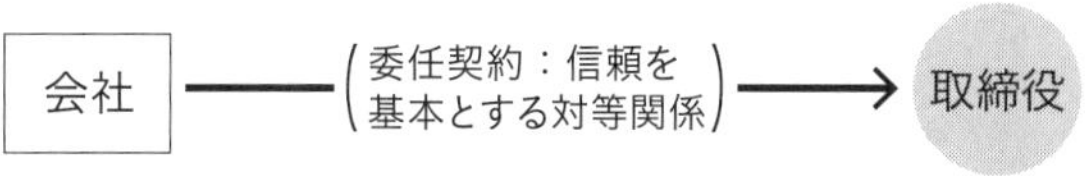

ば、従業員は会社と「上下関係」にあると言えます。会社法は従業員のことを**「使用人」**と呼んでいます。

(2) 取締役は委任契約

これに対して、取締役が会社と結んでいるのは**「委任契約」**です。会社法は取締役と会社との契約関係について、「株式会社と『役員』（取締役・会計参与・監査役）及び会計監査人との関係は委任に関する規定に従う」（330条）と、さらりと規定しています。が、このコンパクトな条文は取締役の義務と責任に関する根本原則を定めているきわめて重要な条文です。

「委任契約」とは、依頼者が、難しい事柄の処理をその道の専門家に依頼する契約です。依頼する人を**「委任者」**、受ける専門家を**「受任者」**といいます。受任する「専門家」の代表例として昔から医師、弁護士、聖職者が挙げられてきました。患者が医師に治療を、依頼者が弁護士に法律関係の処理を、信徒が聖職者に悩みごとの相談を、それぞれ依頼するのがもともとの「委任」だったのです。

これで、委任者と受任者との関係をみればわかるように、委任契約はお互いの**「信頼関係」**で成り立っています。したがって、上下関係ではなく「対等な関係」です。

こうした関係は「会社と取締役との関係」でも同じです。あなたと会社とが委任契約を結んだということは、「会社が、『会社の経営』という難しい事柄の対応を、経営の専門家であるあなたに委任し、あなたはこれを受任した」ということです。取締役は、医師、弁護士と同じ立場にあるのです。

「専門家」のことを英語では**「プロフェッショナル」**（Professional）といいます。「pro」とはラテン語で「前もって」という意味です。「fess」はコンフェス（confess：告白する）という言葉からわかるように、「厳粛な場で述べる」という意味です。合わせて、「プロフェッショナル」とは「前もって宣誓して就く職業」という意味になります。覚悟を持って就任する職業なのです。こうした語源から、プロフェッショナルとは単に専門知識を持っているだけではなく、「使命感」が求められる職業だということも伝わってきます。

「私は会社から経営を委任された受任者である」という自覚を持つこと、そして「委任者である会社のために全力を尽くす」という使命感を持つこと、そのことが取締役として執務していくうえでの基盤を支える土台となります。

(3) 実質的な委任者は「株主」

「受任者の自覚」を持つときに大切なことがあります。それは、取締役に対して経営を依頼した「委任者」は法的には「会社」ですが、**実質的には「株主」だと受け止めるべきだ**ということです。

「取締役委任契約書」を作成している会社もあります。その場合、委任者は「会社」となっています。契約書がなくても法的な委任者が会社であることに変わりはありません。

しかし、実質的には委任者は株主だと理解すべきです。株主総会であなたが「取締役候補者」として提案されたときに賛成票を投じ、承認可決してくれたのは株主です。**「株式会社」**は株主たちが事業を展開するため資金を持ち寄ってつくったビジネスシステムで

図表 1-3
会社と役員と株主の関係

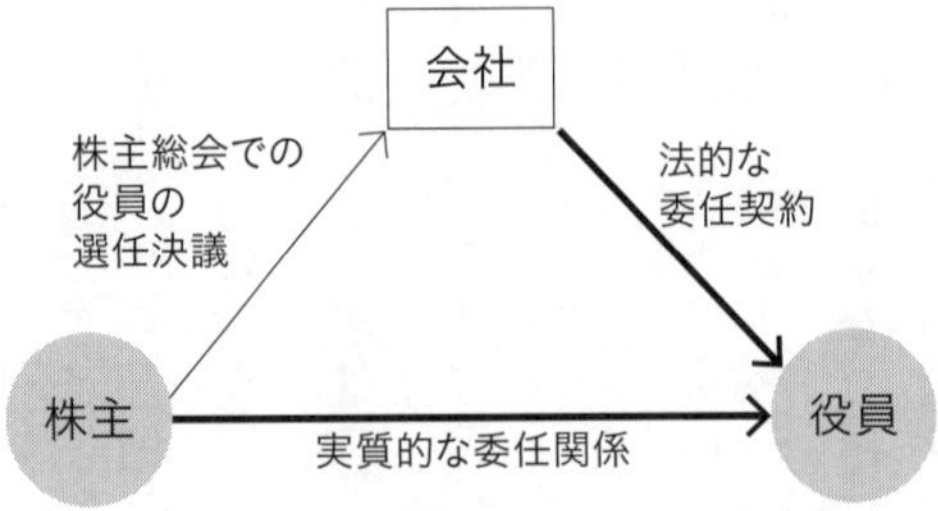

す。そのオーナーは株主です。株主が、株主総会で取締役候補者を選任する意思を表明することには、「オーナーとして、あなたに経営を任せるよ」という重い意味があります。そう考えると、取締役に対する実質的な委任者は株主である、と受けとめるのが経営的な実態としては自然です。

したがって、取締役としての職務を進めるうえで問題にぶつかったときは、「株主はどう思っているのだろうか」という基本に立ち返るべきです。こうした経営姿勢を「**株主重視経営**」といいます。株主の視点を持つことで、適正な結論に到達することができます。

ただし、一口に「株主」と言っても、個人株主、事業法人株主、機関投資家と多様です。多数派株主に対する少数派株主の人たちもいます。株主の意向を推し量るためには、普段から株主の構成、実態、願いを把握するように努め、できるだけ対話を行うなどしておくことが大切です。

(4) いつ委任契約が結ばれたのか

では、取締役となったあなたと会社との委任契約はいつ成立したのでしょうか。契約は「申し込み」と「承諾」とで成立します。ガチガチの法律論でいうと、会社が取締役候補者を株主総会に提案するのは、総会の承認可決を「条件」とする、会社の委任契約の「申し込み」であり、可決後に候補者が「承諾」することで契約が成立するといえます。

しかし、「実質的な委任者は株主である」という見方からすると、株主たちが「株主総会」で取締役候補者を信頼して賛成票を投じて可決するとき、その決議のなかには候補者に対して「会社の経営をお願いします」という実質的な委任の「申し込み」があったと言うべきです。

この申し込みに対して、総会の場であなたは取締役候補者として立ち上がって黙礼するか、「謹んでお受けします」と挨拶したはずです。それが「承諾」です。取締役候補者が総会場で行う「挨拶」には、それだけの重い意味があります。実際、取締役の選任を登記する際の総会議事録には「被選任者はその就任を承諾する旨挨拶した」と記載することになっています。何かの都合で総会に出席できなかった場合は別途、「就任承諾書」を提出しているはずです。この書類がまさに「承諾」です。

2 委任契約であることの意味①――「善管注意義務」

(1) 善管注意義務とは

取締役が従業員（労働者）と決定的にちがう点が二つあります。その一つは取締役が「善管《ぜんかん》注《ちゅう》意《い》義《ぎ》務《む》」を負う点です。善管注意義務とは受任者の基本的な義務であり、正式には「善良なる管理者の注意義務」（民法６４４条）と定義されます。この「善良」とは「誠実な」という意味です。受任者は、委任者に対して「誠実な専門家」であれば尽くすはずの注意義務を尽くさなければならないという意味です。取締役は会社と委任契約を結んでいるのですから、当然、会社に対して善管注意義務を負っています。あなたは会社に対して「誠実な取締役であれば尽くすはずの注意義務を尽くす義務」を負っているのです。

これに対して従業員は会社に対してこうした義務は負っていません。

（2）善管注意義務の事例

①医師の事例

「受任者」の善管注意義務の厳しさを感じ取っていただくために、医師、弁護士、取締役の事例を見てみましょう。医師についてのケースでは、肩の激痛を訴えている患者を「五十肩」であろうと考えて帰宅させたところ、実は「心筋梗塞」であり、患者は帰宅後意識を失い、ほどなく死亡してしまったという事案があります。裁判所は、激痛で急送されたのであるから、「医師としては生命に関わるような重大な疾患ではないと断定できるだけの十分な検査をしたうえで、確実な診断を下すべき診療契約上の義務を負っていた」として、医師に善管注意義務違反があると判断しています（「五十肩事件」東京地裁、2001年9月20日判決）。心筋梗塞も五十肩と同様に「肩の激痛」という症状を示すことがあり、そうである以上、医師としては心電図検査まで実施して確実に判断すべきであったというのです。

②弁護士の事例

弁護士の例では、民事訴訟の対応を依頼されていた弁護士が、一審で敗訴し、法的に「控訴は2週間以内」と決められているのに、判決の直後に肉親が亡くなり郷里に帰ってしまったため、期限内に控訴できなかったケースがあります。裁判所は、弁護士は不在となるのであれば委任者と連絡ができるようにしておくべきであったとしたうえで、「委任者に控訴の機会を失わしめないように適切な処置を取ることは受任者たる弁護士の当然なすべき委任契約上の義務である」として、善管注意義務違反があったと判断しています（「控訴期間徒過事件」東京地裁、1971年6月29日判決）。

③取締役の事例

取締役の例では、光学機器会社で6月29日の株主総会で選任された取締役が、その年の8月11日に提出された「四半期報告書」に、同社が継続的に行ってきた財テク失敗の損失隠しで虚偽の事実が記載されていることに気づかなかったケースで、裁判所が、「1カ月以上の十分な時間があり、虚偽記載の事実関係を確認し、代表取締役に進言するなどして四半期報告書の提出を阻止することは可能であった」として善管注意義務違反があったと判断した事例があります（「光学機器会社粉飾事件」東京地裁、2017年4月27日判決）。裁判所は取締役が同社の総務部を所管するコーポレートセンター長であったことを考慮したようですが、それにしても1カ月あれば虚偽記載を見抜くには十分だったというのですから、プロフェッショナルがいかに厳しく見られるかがわかります。

3 委任契約であることの意味②——「損害賠償責任」

(1) 委任者に対する受任者の賠償責任

取締役が従業員とちがう第二の点は、取締役は善管注意義務について「違反」がある場合、会社に対して「個人」として「損害賠償責任」を負う点です。

一般原則として、契約した人は、契約上の義務を実行しなかったことで契約の相手方に損害が生じた場合は、その損害を賠償する責任を負います。これを**「債務不履行責任」**といいます（民法415条）。委任契約もこの原則に従います。受任者は、善管注意義務に違反したことで委任者に損害が生じたときは、委任者に対して賠償しなければなりません。

先の「五十肩事件」では、医師は善管注意義務違反を認定され、自分が代表を務める病院として委任者（患者）の遺族らに対して7795万円を支払うように命じられています。こうした医師の重い責任に備えるものとして、「医師賠償責任保険」があります。

また、「控訴期間徒過事件」では、弁護士は委任者が控訴を検討する機会を失ったことに対する慰謝料として20万円の支払いを命じられています。こうした責任に備えるため「弁護士賠償責任保険」が用意されています。

(2) 取締役も受任者として会社に損害賠償責任を負う

取締役も受任者としての善管注意義務に違反する行為があり、そのことによって委任者（会社）に損害が生じたときは、賠償する責任が生じます。債務不履行責任です。会社法はこの点を明確にするため、「取締役……は、その任務を怠ったときは、株式会社に対し、これによって生じた損害を賠償する責任を負う」と規定しています（423条1項）。この「任務を怠ったとき」を略して法律用語では「**任務懈怠《けたい》**」と呼んでいます。任務懈怠とされるのは、その行為が客観的に見て取締役としての善管注意義務に違反するものであり、その点について取締役に**「故意」**（知りながら）または**「過失」**（ミス）があったときです。

先の「光学機器会社粉飾事件」で取締役は１９８６万円を会社に賠償するように命じられています。問題の四半期報告書に虚偽記載があったことに対して金融庁から支払いを命じられた課徴金に相当する金額です。こうした取締役の賠償責任に備えるため**「役員賠償責任保険」**（Ｄ＆Ｏ保険）があります。

4　取締役の責任の重さ

(1) 消滅時効期間は5年

ここまでお読みいただいただけで、「取締役は大変だ……」と、思われたかもしれませんが、なお述べておくべきことがあります。まず、取締役の会社に対する賠償責任の「消滅時効期間」（債務がなくなったと主張できるまでの期間）は、取締役の故意・過失により会社に損害が生じたため、その取締役に賠償請求ができると会社が知った時から5年間です（民法166条1項1号）。法律上は、会社が知らなくても、客観的に請求できる状況になった時から10年間という規定もありますが（同項2号）、会社が「請求できるとは知らなかった」ということは考えられませんので、「5年間」と受けとめてよいと思います。

留意が必要なのは時効の起算点が「損害が発生したとき」である点です。たとえば、あなたが取締役会で間違った情報・意見を提供し、その結果、誤った決議がなされたとすると、その誤った決議によって「会社に損害が生じたとき」が起算点なのです。決議の時が起算点なのではありません。

なお、この5年という期間は改正民法が施行された2020年4月1日以後のことで、それ以前に、問題となる取締役の行為と損害が生じている場合は、改正前の民法に基づいて消滅時効期間は10年です（旧民法167条）。

(2) 取締役の責任は相続される

また、取締役の責任は相続されます。相続とは亡くなった人（被相続人）の「一切の権利義務」を承継することをいうのですから（民法896条）、不動産や預金などに関する権利と一緒に、取締役として賠償する責任も相続するのです。取締役の場合、会社の事業活動に関する損失が問題となるので、賠償額も巨額になりがちです。相続人には相続の「放棄」「限定承認」という制度があります。放棄とはプラス・マイナスすべての権利義務について相続を放棄することであり、限定承認とはプラス・マイナスを清算して得られた限度で相続することです（民法922条）。いずれの場合も、相続人は相続があったと知ったときから3カ月以内に家庭裁判所に届け出る必要があります（民法915条、924条、938条）。

「光学機器会社粉飾事件」では提訴された取締役の一人が裁判中に亡くなったのですが、裁判を引き継いだ相続人が限定承認をしています。

(3) 取締役に身分保障はない

従業員とちがって取締役には「身分保障」はありません。従業員の場合、会社側が労働契約を解約、つまりは解雇しようとするときは「合理性」と「相当性」が必要です（労働契約法16条）。しかも「労働者保護」の原則が徹底されているので、裁判所では「解雇」は容易には認められません。従業員には実質的な身分保障があるといえます。

これに対して取締役の場合、会社が取締役との委任契約を解約、つまり解任しようとするときは、臨時でも定時でも株主総会の決議さえ得れば、いつでも解任できます（339条）。

取締役が属している委任契約の世界には**「相互解除の自由」**という原則があります（民法651条1項）。委任契約は委任者と受任者の「信頼関係」を基礎として成り立っています。ですから、信頼関係が失われたときは、委任者も受任者も、お互いにいつでも解約してよいのです。取締役には実質的な身分保障はないのです。

（4）取締役は「株主代表訴訟」の対象となる

ここまで取り上げた三点は、医師、弁護士など「委任契約」で仕事をするすべての人たちに共通する事柄です。取締役の場合はさらに、**「株主代表訴訟」**という制度の対象とされています。株主代表訴訟とは、取締役が会社に対して任務懈怠による賠償責任を負っている場合、6カ月前から株式を所有している株主は会社に対してその取締役を提訴するように要求することができ、会社が60日以内に提訴しないときは株主自身が会社のために提訴できるという制度です（847条）。

図表 1-4
株主代表訴訟のイメージ

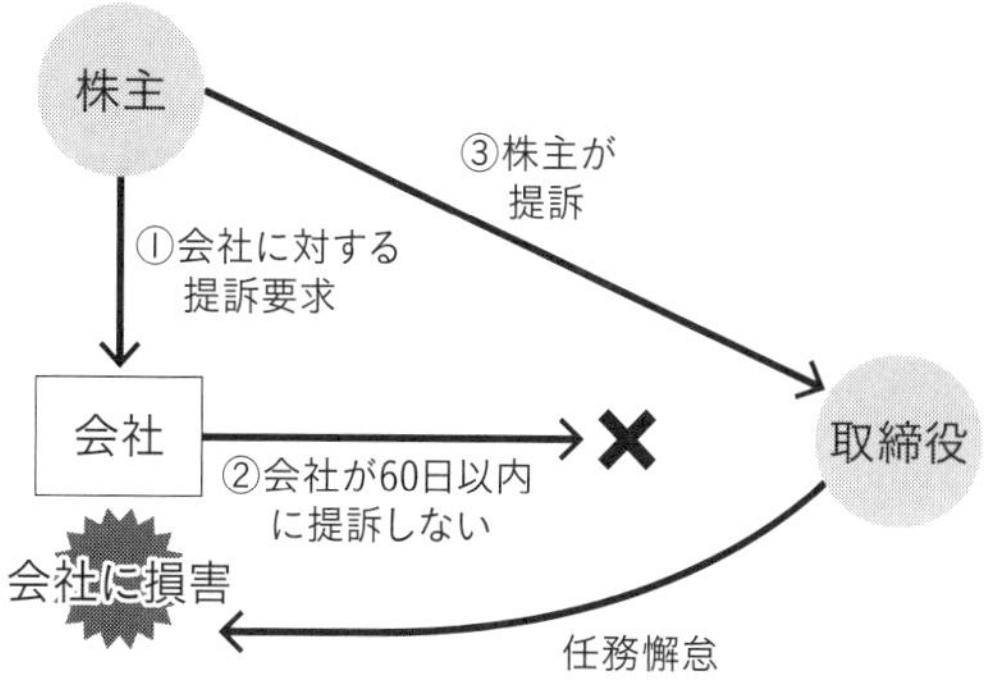

取締役の行為により会社に損害が生じた場合も、会社は「仲間意識」で取締役を提訴しないことが考えられます。そのような場合に備えて会社のオーナーである株主が会社のために提訴する制度が設けられているのです。取締役に対する「実質的な委任者」である株主が立ち上がる制度と言えます。株主代表訴訟については第10章でくわしく述べます。

(5) 取締役の対第三者責任

加えて取締役には**「対第三者責任」**という特別な責任があります。「対第三者責任」とは、取締役が職務を執行するうえで**「悪意」**(知りながら)、**「重過失」**(とんでもないミス)があり、そのことで**「第三者」**に損害が

図表 1-5
取締役の対第三者責任

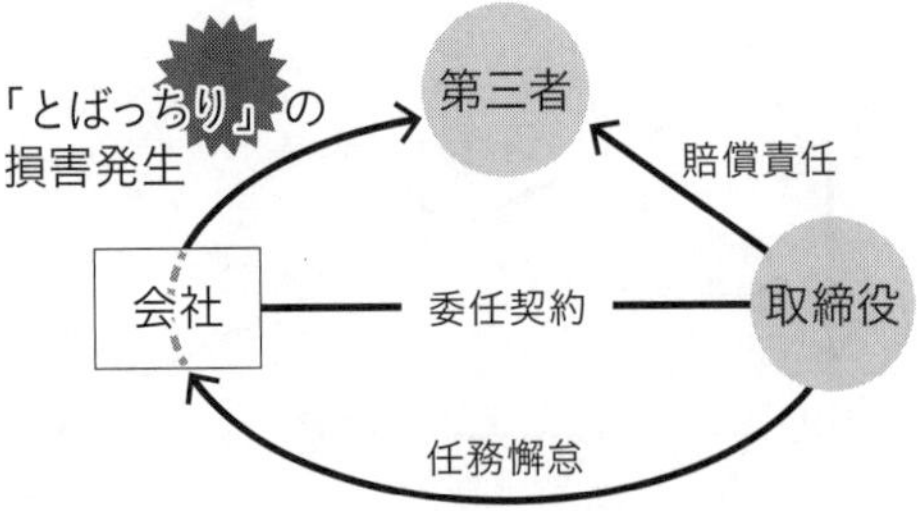

生じたときは、その第三者に対しても賠償する責任を負うという制度です（429条）。

「第三者」とは委任契約の当事者である、会社・取締役以外の第三者という意味です。取締役は株式会社というビジネス組織体を動かす人ですから、その行為によって外部の第三者が波及効果（とばっちり）で損害を受けることもありえます。そのような場合、取締役は個人としてその第三者に賠償責任を負うのです。

実例として、会社の代表取締役が、粉飾しながら生産を拡大し、海外展開まで行ったもののうまくいかず、高利の金融まで手を出した結果、倒産し、破産宣告を受けた事案で、取引先（「第三者」です）が会社に対する売掛金を回収できなくなったとして提訴した事案があります。裁判所は「無軌道な放漫経営」であったとして代表取締役個人に対して取引先に賠償するように命じています（「再生タイヤ会社事件」東京高裁、1983年3月29日判決）。

5 求められる意識の切り替え

(1)「従業員」から「取締役」へ

ここまで見てきたように委任契約である「取締役」は、労働契約である「従業員」とはまったく異なる立場にあります。取締役の義務、責任は、従業員とは比べ物にならないほど重いものです。この点、社内で従業員として勤め上げた後に取締役として選任された人は、従業員の立場とは決別して、徹底して意識を切り替える必要があります。ところが、「従業員から取締役に昇格する」という言い方がビジネスの現場に残っていることからわかるように、なんとなく従業員の延長線上に取締役がいるような意識がまだまだあるようです。こうした意識はきっぱりと捨てる必要があります。

（2）「社内取締役」という呼び方

「社外取締役」に対して社内出身の取締役のことを一般に**「社内取締役」**と呼んでいます。しかし、「社内」の「取締役」というのでは、会社と対等な委任契約を結んで業務を遂行するプロフェッショナルというニュアンスが薄れます。そこで本書では**「社内出身の取締役」**と呼ぶことにします。「社内出身ではあるが、いまは取締役として会社に物申す立場だ」と自他ともに意識することができます。

第2章

株式会社の仕組みと取締役

1 「株式会社」というシステムの特質

(1) 株式会社は「法人」であるという意味

第1章で説明したように取締役は会社に対して重い義務と責任とを負っています。「**義務**」とは守るべきルールのことであり、「**責任**」とはルールに違反したときのペナルティや負担のことです。

こうした重い義務・責任を負って取締役は具体的に会社で何をするのでしょうか。取締役の具体的な職務を理解するためには、前提として「**株式会社**」という制度の本質や仕組みについて知っておく必要があります。

「株式会社」とは、株主が資金を持ち寄って、自分たちとはまったく別の、会社という「責任主体」を人工的につくり出し、その責任主体をベースに事業を展開し、利益を上げて株主に配当するためのビジネスシステムです。法的な責任を負う主体のことを法律用語で「**人格**」といいます。生きている人（「**自然人**」といいます）はみな法的な「人格」がありますが、株式会社は生身の人間ではないので、「法律上は生身の人間と同様に『人格』があるものとして扱う」という意味で、**「法人」**と称されます。この点について会社法は「会社は法人とする」と規定しています（3条）。

(2) 株主主権の原則

株式会社は「株主が資金を持ち寄ってつくり出した」法人であることから、株主に関する二つの原則が導かれます。

一つは**「株主主権の原則」**です。株式会社は株主が自分たちの資金で設立したものですから、会社の「オーナー」は株主です。従って、会社の組織、運営、管理など一切のことを決めるのは本来的には株主です。これを「株主主権の原則」といいます。この原則について会社法は、株主総会と取締役だけで構成される「取締役会のない会社」（**「取締役会非設置会社」**）であれば「株主総会は…会社に関する一切の事項について決議をすることができる」として規定しています（295条1項）。株主主権の表れです。また、会社法は、会社が倒産したときには取引先などに支払いをして残った財産はすべて株主に分配されると規定しています（105条1項2号。**「残余財産分配請求権」**）。これも会社のオーナーは株主であるという原則の証しです。

株式会社に取締役会が設置されると（**取締役会設置会社**）、株主総会の権限は「会社法と定款に定められた事項」に限定されます（295条2項）。それでもなお「会社法と定款」に規定される事項の範囲では株主主権が厳然として残っています。

取締役は執務するに当たっては、自分たちの実質的な委任者である株主の意向を常に確認し、尊重する姿勢が必要です。それが「株主重視経営」です。

（3）株主有限責任の原則

株式会社は株主が資金を持ち寄ってつくり出した「法人」であることから第二の**「株主有限責任の原則」**が導かれます。株式会社は1600年の末に設立された、英国の「東インド会社」に始まります。当時、インドとのコショウを中心とする貿易は、成功すれば莫大な利益が見込めるものの、船が遭難すれば巨額の損失が発生し、出資者たちは個人的に致命的なダメージを被るといった状況でした。そこで出資者たちは、「株主」という立場で出資はするものの、万一損害が発生しても、「法人」だけがリスクを負担し、自分たち株主は出資分をあきらめる以上の責任は負わないというシステムを考え出しました。

これを「株主有限責任の原則」といいます。会社法にも「株主の責任は、その有する株式の引受価額を限度とする」として、はっきりと宣言されています（１０４条）。

（4）なぜ、厳正な組織・運営・管理が求められるのか

したがって、万一、株式会社が倒産したときも、取引先や消費者に対して「株主」は法的な責任は負いません。また、「取締役」（会計参与、監査役、執行役も）も、第1章で述べた「対第三者責任」が生じる場合は別として、法的責任は負いません。取締役の義務・責任は会社に対するものだからです。結局のところ、株式会社と取引している「取引先」や株式会社から商品・サービスを購入している「消費者」にとっては、いざというときに責任を取ってくれる相手は「株式会社」という法人しかいないのです。

だからこそ、株式会社の「組織」は取引先や消費者に迷惑をかけないように適正に整えられる必要があり、「運営・管理」は厳正に行わなければなりません。これが、株式会社の組織や運営について会社法が細かく規定する理由であり、取締役に厳しい義務と責任を課している理由です。

2　株式会社を動かすための4つの機能

(1) 決定機能

株式会社に「法人格」が与えられたとしても、人工的につくり出された「システム」にすぎませんから、株式会社が実際に物事を決めたり、商談をするために歩いて行ったりするわけではありません。誰か現実の人間が株式会社を動かす必要があります。

会社を動かすためには、まずは「何をなすべきか」を決めなければなりません。会社がなすべき事業の基本的な部分は会社の「定款」の「目的」という条項に決められています。たとえば、家電メーカーの目的欄には「各種電気機械器具の製造並びに販売」などと記載されていることでしょう。

けれども、それだけでは具体的にどのような電気製品を開発して、どのような工場で製造するのか、どの地域で、どのような価格設定で販売するのかといった具体的なことは何も決まっておらず、会社は動きません。そこで、「新製品開発の件」「新工場建設の件」

「工場用地買収の件」「営業戦略の立案」といった、実際になすべきことを具体的に決める作業が必要です。

この働きを**「決定機能」**、それを担う人や会議体を**「決定機関」**といいます。**「機関」**とは会社の運営に携わるものとして会社法で規定された人や会議体のことをいいます。株式会社のオーナーは株主ですから、会社に関する一切の事柄は株主の会議体である「株主総会」が決めるのが筋ですが、株主数が多くなり、株式譲渡が認められると株主も流動的になるので、決定機能を「取締役会」に移すことになります。

(2) 執行機能

決定機関が、たとえば「工場用地買収の件」を決定したとしても、法人の「会社」が用地買収に動き出すわけではありません。誰かが実際に資金を調達し、良好な候補地を探し出し、地主との間で売買交渉を行い、土地売買契約を締結し、契約書に記名押印する必要があります。

このように、決定された事柄を実行に移す働きを**「執行機能」**といい、担当する人を**「執行機関」**といいます。「執行」とは商品・サービスの企画開発から、原料調達、製造、販売、組織の管理、運営まで、会社が行う事業活動の全般を意味します。「執行機関」が迅速、円滑に執行を推し進めるためには広範で強い権限を持つ必要があります。迅速、円滑な執行は株主の願いでもあります。

「取締役会設置会社」の経営トップは「代表取締役」または「代表執行役」です。両者が持つ**「代表権」**について会社法は「株式会社の業務に関する一切の裁判上又は裁判外の行為をする権限を有する」と表現しています（349条4項、420条3項）。代表権が強力な法的権限であることがわかります。

実際上、会社の活動の大半が「執行」の働きです。広範な執行をこなすために、代表取締役のもとには、取締役の中から執行を担当する者として選ばれた**「業務執行取締役」**が、代表執行役のもとには**「執行役」**が付いて、社長、副社長、専務、常務などの肩書のもと、従業員を率いて整然としたピラミッド型組織を形作り、ビジネスを推し進めます。

(3) 監督機能

先に述べたように執行機関は「代表権」という強力な法的権限のもと、ビジネス型組織を統一的に機能させて活動します。会社のオーナーである株主としては頼もしい限りですが、他方、不安もあります。というのは、執行機関が、必ずしも決定機関が定めた計画どおり誠実に作業を進めてくれるとは限らないからです。先の「工場用地買収の件」にしても、決定機関が指示している理想の土地とはかけ離れた不相応な土地を購入してしまうようなことがないとは言い切れません。また、いつまでも迷っているばかりで予定が遅れることもあるかもしれません。

そこで、誰かが株主に代わって、執行機関が決定どおりにきちんと執行を進めているか、その仕事ぶりを見守りながら監督し、食い違いが生じているときは是正を命じることが必要です。この機能を**「監督機能」**、機能を担う組織や人を**「監督機関」**と呼びます。かつての英国の東インド会社にも、ロンドンに居ながら遠いインドで執行を担当している人々を監督できるように、「通信文書委員会」「倉庫委員会」など7つの委員会が置かれていました。

「決定」と「監督」は同じ機関が担当するのが原則です。監督とは執行機関が決定したとおりに誠実に執行しているかを観察して是正する働きであり、決定機能と監督機能とは密接に関連しているからです。

ところが、監督する相手である「執行機関」は強力な権限と整然としたピラミッド組織を持っています。「監督する」と言っても容易ではありません。監督機関が実効的に執行機関を監督できるためには、執行機関を任命・解任できる「**指名権**」と、執行機関の報酬額を決定する「**報酬決定権**」と、二つの権限を持つことが必要です。

(4) 監査機能

①監査機能とは

さらに、長い株式会社制度の歴史のなかで、決定機関が誤った決定を行ったり、監督機関の監督が不十分だったり、執行機関が不正、不当な執行を行うことが、ときとして起きることがわかってきました。「工場用地買収の件」で言えば、ライバル企業との競争に焦った決定機関が法規制を無視して違法な用地買収を決めてしまうこともありえます。監督機関も経営トップを中心とする執行組織のパワーに負けて監督をおろそかにするかもしれません。執行機関も身内の土地を不当に高く購入するなど、不正を働くかもしれません。株主の心配は尽きないのです。

そこで、執行機関はもちろんのこと、決定機関、監督機関についても「合法・適正」にその職務を遂行してくれているかを、株主に代わってチェックする仕事が必要になりま

図表 2-1
会社を動かす4つの機能

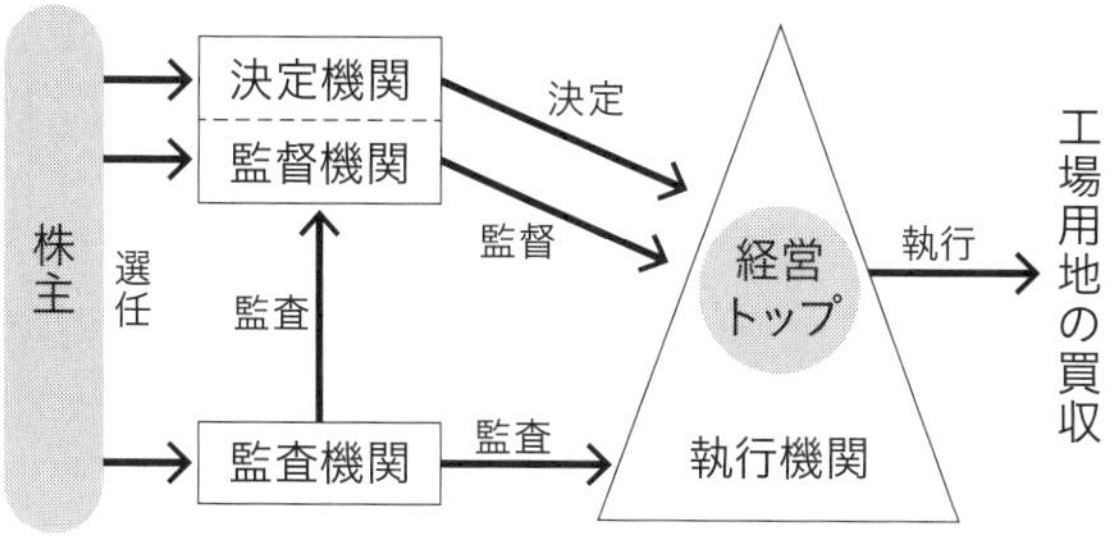

す。これを「**監査機能**」といい、担当する人や組織を「**監査機関**」といいます。

②監督機能と監査機能

「監督」は事業が本来の目標に向けてきちんと進んでいるかを見守り、外れているようならみずから是正を命じて事業を本筋に戻す仕事です。対象はあくまで「事業がきちんと進んでいるか」です。これに対して、「監査」は事業が法令やルールに違反していないかを観察し、評価し、その状況を取締役会や株主総会に報告するのが仕事です。

なお、監査は執行機関の業務全般に関する「**業務監査**」として行われますが、業務監査のなかでも「会計に関する事項」を区別して「**会計監査**」と呼んでいます。会計監査は会計に関する専門知識が必要なので外部専門家に委託することになります。

3　4つの機能とコーポレートガバナンス

(1) コーポレートガバナンスとは

以上説明してきた4つの機能は、突き詰めて言えば、「代表権」という強力な法的権限を持ち、整然としたピラミッド型組織のもとにエネルギッシュに活動する執行機関を、決定機関・監督機関・監査機関が、株主の意向に沿って行動するようにコントロールする関係にあります。この関係がコーポレートガバナンスです。

「コーポレートガバナンス」とは、株主自身、またはその委託を受けた機関が、企業価値を維持・向上させるために、株主権を背景として経営トップを中心とする執行機関をコントロールすることをいいます。ガバナンスの主体は株主またはその委託を受けた機関であること、目的は企業価値の維持・向上であること、対象は経営トップであること、この3点がポイントです。

コーポレートガバナンスは「株主主権」とそれに呼応する「株主重視経営」の原則から導かれる当然の考え方です。取締役は実質的には株主からの受任者ですから、「株主重視経営」は職務を行ううえでの大切な指針です。

(2)コーポレートガバナンスの目的

①企業価値を高める

コーポレートガバナンスの目的は、第一に会社の企業価値を高めることです。社会の要請に応えられるように会社を成長させ、その企業価値を高めることは株主の願いです。

企業価値を高めるためには、日々、「イノベーション」(事業革新)を実践し、企業を成長させる努力を続けなければなりません。シュムペーターによれば「イノベーション」とは、①新しい財貨(商品・サービス)、②新しい生産方法、③新しい販路、④新しい供給源、⑤新しい組織を実現する努力のことです(シュムペーター『経済発展の理論』岩波文庫〈上〉183頁)。こうした努力を日々続けるのは大変なエネルギーを要します。執行機関も、ともすれば「今日と同じビジネスを明日も続けていれば良い」と保守的になってしまいがちです。しかし、「現状維持は退歩」です。そこで、執行機関に対して絶え間なく事業革新を行うように促し、勇気づけ、企業価値を向上させる働きが必要です。それがコーポレートガバナンスです。

②不祥事の防止

コーポレートガバナンスの第二の目的は不祥事を防止して企業価値を守ることです。株式会社を舞台とする企業不祥事は後を絶ちません。製品の欠陥隠し、データ改ざん、カルテル、不法勢力との取引、偽装表示、粉飾決算と、近年に起きた企業事件だけを考えても枚挙にいとまがないほどです。

ひとたび不祥事を起こした会社は、法的責任を追及され、社会的糾弾を受け、株価は下落し、売上も低下し、極端な場合は倒産という事態に至ります。こうした暴風雨のような状況は投資者である株主を直撃します。消費者、取引先、社会一般に対しても、長期間にわたって深刻な被害をもたらします。

そこで、不祥事を防止して企業価値を維持するために執行機関をコントロールする働きが必要になります。それがコーポレートガバナンスです。

(3)「コーポレートガバナンス・コード」

上場会社にガバナンスの充実を求めるものとして、東京証券取引所（東証）が定めた**「コーポレートガバナンス・コード」**（以下、**「CGコード」**）。2015年6月1日施行、2018年改訂。2021年6月再改訂版施行）があります。札幌、名古屋、福岡の証券取引所も同様のコードを定めています。CGコードは「コンプライ・オア・エクスプレイン」（comply or explain：従うか、従わないなら説明せよ）の原則のもとに、ガバナンス充実の観点から上場会社が順守すべき事項を列挙しています。

CGコードが「基本原則」として掲げている事項は5つあります。①株主の権利・平等性の確保、②株主以外のステークホルダーとの適切な協働、③適切な情報開示と透明性の確保、④取締役会等の責務、⑤株主との対話です。いずれも「株主主権」「株主重視経営」の原則に基づくものです。CGコードの趣旨は株主重視を目的とするものですから、非上場会社の運営にも基本的に当てはまります。

時代が企業に求めるものは刻々と変化していきます。CGコード2018年改訂版では、◎政策保有株式に対する要請がさらに厳しくされ（原則1－4）、◎**ESG要素**に関する情報開示の充実が加味され（基本原則3）、◎ジェンダーや国際性の面を含めて「多様性」を持った取締役会の構成の要請が加えられました（原則4－11）。

また、2021年の再改訂版では、◎中核人材の多様性の確保についての考え方、目標、状況の開示（補充原則2－4①）、◎サステナビリティについての取組みの開示（補充原則3－1③）、◎取締役会による、サステナビリティを巡る取組み基本方針の策定（補充原則4－2②）、◎支配株主からの独立性を有する社外取締役の3分の1以上の確保（補充原則4－8③）などが、新たに加えられています。

取締役としては、CGコードに対して受け身になるのではなく、常に社会にアンテナを張り、時代を先取りしながら職務を行っていく気概と積極姿勢を持つことが望まれます。

（4）機関投資家とスチュワードシップ・コード

投資家の側から企業に対してガバナンスの充実を求める仕組みもできています。**「スチュワードシップ・コード」**（「『責任ある機関投資家』の諸原則」。2014年策定、2017年改訂、2020年再改訂）がそれです。同コードは、**「機関投資家」**（保険、投資信託、年金など、企業に大きな資金を投資する会社や組織）に対して、投資先の企業に企業価値向上と持続的な成長を促すため、◎その企業のガバナンス状況などを把握すること、◎その企業と「目的を持った対話」（エンゲージメント）を行うこと、◎その企業の持続的な成長に資するように工夫して議決権を行使し、その結果を公表することなどを求めています。また、同コードは機関投資家に対して、自身の顧客や受益者に対して定期的な報告を行うことも求めています。多くの機関投資家がスチュワードシップ・コードの受入れを表明しています。

「エンゲージメント」（engagement）とは「関わる」という意味です。機関投資家が投資先の企業に対して「ガバナンスを充実させて企業価値を高める」という目的を持って取締役に対話を求めてくる場面が増えてくるものと考えられます。

なお、ビジネスを展開しながら投資も行っている株主を**「事業法人株主」**といいます。CGコードが「政策保有株式」に対する見方を厳しくしている状況もあり、事業法人株主も投資先に対する議決権の行使についてはコーポレートガバナンスを意識するようになっています。

図表 2-2
世論と株主とガバナンス

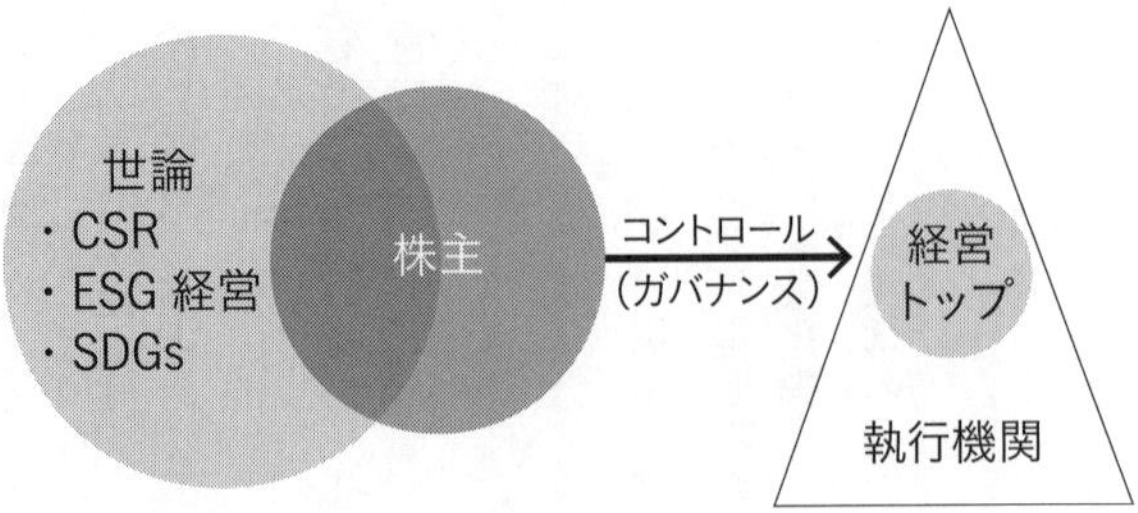

（5）「世論」とコーポレートガバナンス

①株主と世論

コーポレートガバナンスとは「株主の意向」を尊重することですが、それは「世論」を重んじることと同義だと言えます。というのは、上場企業の株主全体を人数で見ると「個人投資家」は持株比率こそ20％に届きませんが、人数的には90％以上を占めているからです。個人投資家の延べ人数は５０００万人を優に超えています。そのなかには株式の重複保有者も含まれてはいますが、日本の人口の半数近くが個人投資家なのです。従って、個人投資家の意見、意向は「世論」そのものを代表していると言えます。取締役は自社の「株主」を思い浮かべるとき、そこに「世論」があると認識する必要があります。

他方、機関投資家も世論を無視した議決権行使はできません。スチュワードシップ・コードによって議決権行使の結果を公表することを求められているからです。レピュテーション（評判）リスクを考えると、やはり「世論」が大きな意義を持っています。

②企業に対する社会の期待

●「CSR」（企業の社会的責任）

ガバナンスとは世論を重んじることと同義だと考えると、社会全体の関心がどこに向いているかを整理しておくことが、ガバナンス経営を充実させるうえで有益だということになります。企業は株主ばかりではなく、「社会の期待」にも応えるべきだという考え方が**「CSR」**（Corporate Social Responsibility：**「企業の社会的責任」**）です。CSRの観点からは、企業は人権保護、環境保護、雇用の充実などに力を注ぐべきことが指摘されています。企業がこれら社会の期待に応えることは社会的信頼につながり、結果的に企業価値を高めることになります。CSRは「株主重視経営」にも合致するのです。

●ＥＳＧ経営

リーマンショック（２００８年）を経て、社会は、企業には「ガバナンス」が不可欠だと気づきました。そこで機関投資家は、**ＥＳＧ**（Environment, Social, Governance：環境・社会・ガバナンス）の3要素がしっかりしている企業に投資する姿勢を取るようになっています。これを**「ＥＳＧ投資」**といいます。

企業側もその期待に応える経営姿勢を取るように努力を始めています。それが**「ＥＳＧ経営」**です。

●ＳＤＧｓ

「ＳＤＧｓ」も企業に対する世論の期待を形成し始めています。「ＳＤＧｓ」（Sustainable Development Goals）は２０１５年の国連総会で「２０３０年までに達成をめざすべき、17の持続可能な目標」として採択されたものです。内容は、人間の生活、教育、雇用、消費と生産、環境など多岐にわたりますが、次の世代に良好な生活環境、地球環境を残そう（サステナブル）という目的で一貫しています。前述したとおり２０２１年版ＣＧコードにもサステナビリティに対する取組みが盛り込まれています。

以上に挙げた社会からの企業に対する多様な期待に応えることは、企業価値を高めることであり、株主の期待にも応えることになります。コーポレートガバナンスのあり方を考えるとき、ぜひとも考慮に入れるべき要素です。

(6) 具体的なガバナンスの手段

①「株主」による直接ガバナンス

株主による執行機関のガバナンスが端的に行われるのは「取締役会を設置しない会社」です。取締役会非設置会社では「株主総会」と執行を担う「取締役」だけが存在していますので、株主総会が取締役を完全にコントロールできます（295条1項）。取締役会を設置しない会社は、100％子会社で事業展開するとき、親会社が「株主」として管理、監督するのに適しています。

取締役会を設置する会社でも株主によるコーポレートガバナンス手段が定められています。最も直接的な形は、株主による取締役の「選任・解任」です。監査役設置会社、監査役会設置会社では取締役の任期は2年ですが、最近はあえて1年とする会社が増えています。株主の意向を聞く機会をより多く設けようという「株主重視経営」の表れです。

任期1年の場合は定時株主総会が事実上の「取締役信任投票」の場になります。しかも役員選任議案については、総会後に役員ごとの得票数が開示されることになっていますので（企業内容等の開示に関する内閣府令19条2項9号の2ハ）、再任の是非だけではなく、経営者としての「支持率」も明示されます。

他にも株主には、株主総会への提案権（303条）、取締役に不正、法令定款違反の疑いがあるときの検査役選任権（358条）、取締役の法令定款違反行為の差止め請求権（360条）、代表訴訟の提訴権（847条）などのガバナンス手段が与えられています。

②「取締役会」によるガバナンス

実際上は株主による直接ガバナンスには限りがあるので、株主の委託を受けた決定・監督機関である「取締役会」が執行機関に対するガバナンスを担います。株主から見れば、取締役会を通じた間接ガバナンスです。執行機関は取締役会の「決定」に従わなければならない、執行機関は取締役会の「監督」に服さなければならないという形で、取締役会はガバナンス機能を発揮します。

取締役会の執行機関に対するガバナンス力を支えるのは、経営トップに対する「選定・

解職権」です（362条2項3号、399条の13 1項3号、420条）。

③「監査機関」によるガバナンス

監査役、監査等委員会、監査委員会などの**「監査機関」**は、執行機関、決定機関、監督機関の活動を監査し、株主に報告することを専門とする機関です。決定機関、監督機関まで監査するのですから「究極のガバナンス機関」といえます。

監査機関は、執行機関の行為が、定款の「目的」違反、法令定款違反であるときは当該行為を止めるように求め、それでも効果がなければ裁判所に「差し止め請求」の仮処分を請求することができます（**「差し止め請求権」**385条、399条の6、407条）。

④「会計監査人」によるガバナンス

「会計監査人」は「会社の運営に携わるもの」ではないので会社の機関ではありませんが、監査機関が行うべき職務のうち、会計に関する事項の監査を、外部専門家として受け持ちます。会社の会計は「公正妥当と認められる企業会計の慣行」に従って（431条）、適正に行われる必要があります。株主、投資家、債権者のために会計の公正さを守る会計監査人の使命は重大です。

4　株式会社の仕組み設計に関する11の基本ルールと基本用語

決定・執行・監督・監査という4つの機能のうち、「取締役」が具体的にどの機能を担うかは株式会社のタイプによって違います。そこで、会社法が定めている株式会社のタイプを整理するために、株式会社の仕組み設計に関する基本ルールと基本用語とを整理しておきます。会社法は対象となる会社の規模や仕組みに即してきめ細かく規定しています。

なお、これらのルールや用語についてご存じの方は次の5節に進んでいただき、本節については執務する際に必要となったときに確認していただくことでよいと思います。

ルール1　「ボードなき会社」

株式会社には最低限、株主総会と、1名または2名以上の取締役とを置かなければならない（295条、326条1項）

＊株式会社は最低限、「株主総会」と「取締役」とが存在すればそれで成り立ちます。

取締役会はなくてもよいのです。

取締役会のことを英語で**「ボードオブディレクターズ」**（Board of Directors：〝会議テーブルを囲む取締役たち〟）といい、取締役会のことを略して**「ボード」**と呼びます。そこで、本書では「取締役会のない会社」を**「ボードなき会社」**とも呼ぶことにします。「ボードなき会社」の株主総会は会社に関する一切の事項について決議できる**「万能の機関」**です（295条1項）。その決定・監督のもと、取締役が執行機関として活動します。

ルール2 「機関設計の自由」

株式会社は、定款で定めれば、取締役会、会計参与、監査役、監査役会、会計監査人、監査等委員会、指名委員会等を置くことができる（326条2項）

＊株式会社は定款に定めれば、会社法に例外規定がない限り、これらの機関を自由に設置できます。**「機関設計自由の原則」**といいます。ただし、「自由」とは言っても、以下のルールで見られるように、設置義務、非設置義務など、多くの例外があります。会社法はそれぞれ設置している機関に着目して、「取締役会設置会社」「会計参与設置

会社」などと呼んでいます。設置される機関ごとの名称なので、取締役会と監査役会とを置いている会社は「取締役会設置会社」でもあり、「監査役会設置会社」でもあります。

ルール2には株式会社の「機関」が列挙されていますので、以下では簡単に説明します。

＊「**取締役会**」（ボード）は、取締役全員で構成される会議体で、会社の組織・運営・管理に関する重要事項についての決定機能と、執行機関に対する監督機能とを担います（362条）。

＊「**会計参与**」とは、公認会計士、監査法人、税理士、税理士法人のいずれかであることを資格要件とする役員であり、取締役と共同して計算書類、その附属明細書、臨時計算書類、連結計算書類を作成し、会計参与報告を作成することを職務としています（333条1項、374条）。取締役と「共同して」計算書類等を作成することでその質を保つことができると期待されています。報告徴収権などもあり、監査役と似た権限を持っていますが、取締役と「共同」するのですから、監査機関ではなく、業務執行を担当する機関です。

*「**監査役**」とは取締役の職務執行を監査して「監査報告」を作成する機関です（381条）。

なお、会社法は取締役、会計参与、監査役のことを「**役員**」と呼んでいます（329条1項）。

*「**監査役会**」とは全員の監査役で組織される合議体で、監査方針の決定、監査報告の作成などを行います。監査役会があっても監査役は一人で監査を行います（「独任制」）。

*「**会計監査人**」とは、公認会計士または監査法人であり、株式会社の計算書類とその附属明細書、臨時計算書類、連結計算書類を監査して、「会計監査報告」を作成する外部専門家です（337条1項、396条1項）。

*「**監査等委員会**」は、執行機関に対する監査機能と一定の監督機能とを併せ持っている委員会です。活動は委員会単位で行います。

*「**指名委員会等**」とは、執行機関に対する監督機能を持つ「指名委員会」「報酬委員会」と、監査機能を持つ「監査委員会」の3つの委員会を意味します。この3委員会を置いている会社を会社法は「指名委員会等設置会社」と呼んでいますが、本書で

は、委員会が3つあることを明らかにするため、**「3委員会設置会社」**と呼ぶことにします。

ルール3　「取締役会の設置義務」

公開会社、監査役会設置会社、監査等委員会設置会社、3委員会設置会社は、「取締役会」を設置しなければならない（327条1項）

＊**「公開会社」**とは、発行しているいくつかの種類の株式のうち、その一部についても**「譲渡自由」**にしている会社です（2条5号）。「譲渡自由」とは会社の承認なくして当事者間で株式を自由に譲渡できるということです。したがって、この「公開会社」という用語は、日常使われる「株式を上場している会社」という意味の用語とはちがいます。本書でも、一部でも株式譲渡自由にしている会社の意味で「公開会社」という用語を使うことにします。なお、株式を上場している会社を表すときは本書では**「上場会社」**という用語を使用します。

＊右の定義から、「公開会社でない会社」とは「発行している株式のすべてについて譲渡制限をつけている会社」を意味することになります。法律用語ではこのような会社

を「公開会社でない会社」と表現していますが、本書ではわかりやすくするために、**「非公開会社」**と呼ぶことにします。

＊公開会社では株式の譲渡が自由なので、株主は流動的となります。そこで継続性を持った経営が可能となるように、取締役会の設置が義務付けられているのです。

＊取締役会を設置している会社を**「取締役会設置会社」**と呼びます。

ルール4　「監査役設置義務」

取締役会設置会社は、監査役を置かなければならない。ただし、監査等委員会設置会社、3委員会設置会社は除く（327条2項）

＊監査役を置く会社を**「監査役設置会社」**と呼びます。

＊「取締役会」を設置すると、株主総会の権限は「会社法と定款に定められている事項」に限定されてしまいます（295条2項）。そこで「株主重視経営」を保つため、株主に代わって監査役が取締役を監査することとされています。

＊監査等委員会設置会社と3委員会設置会社は、それぞれ監査機関があるので監査役は不要です。

ルール５　「会計参与設置会社」

非公開かつ非大会社は、取締役会設置会社であっても、会計参与を置けば、監査役を置かなくてもよい（327条２項ただし書）

＊「非公開会社」が想定する規模であれば、取締役会設置会社であっても、会計参与が置かれることでその計算書類の質を保つことが期待できるので、監査役は置かなくてよいということです。以下では、会計に関与する役員として会計参与だけを置く会社を、**「会計参与型の会社」**といいます。

＊大会社は会計監査人を置くことが義務付けられ（ルール９）、会計監査人を置く以上は監査役の設置が義務付けられます（ルール６）。従ってルール５が適用されるのは非大会社です。

ルール６　「会計監査人と監査役」

会計監査人設置会社には、監査役を置かなければならない。ただし、監査等委員会設置会社、３委員会設置会社を除く（327条３項）

＊会計監査人は株主・投資家のために公正妥当な会計監査を行うことが任務です。そのためには経営トップなど執行機関からの「独立性」を保つことが不可欠です。そこで、会計監査人の独立性を守るために監査役が置かれます。

＊これに対して監査等委員会設置会社、３委員会設置会社では、それぞれ監査等委員会、監査委員会が監査機関として置かれているので監査役は不要です。

ルール7　「監査役の非設置」

監査等委員会設置会社、３委員会設置会社は、監査役を置いてはならない（３２７条４項）

＊監査等委員会設置会社では監査等委員会が、３委員会設置会社では監査委員会が、監査機関として置かれています。そこへさらに監査役を置くと監査の重複と混乱が生じるので監査役を置くことは禁じられます。

ルール8　「３委員会設置会社の監査等委員会非設置」

３委員会設置会社は監査等委員会を置いてはならない（３２７条６項）

＊3委員会設置会社では監査委員会が監査機能を担っているので、さらに監査等委員会を置くと、監査の重複と混乱が生じるので禁止されます。

ルール9　「会計監査人の設置義務」

大会社、監査等委員会設置会社、3委員会設置会社は、会計監査人を置かなければならない（327条5項、328条1項、2項）

＊「**大会社**」とは、最終事業年度の貸借対照表に計上した資本金が5億円以上か、同貸借対照表の負債額が200億円以上の会社（2条6号）のことです。本書ではこれに該当しない会社を「**非大会社**」と呼ぶことにします。

＊公開・非公開を問わず、「大会社」の規模であれば、会計も複雑となるので外部専門家である会計監査人が必要になるということです。会計監査人を置く以上は「監査役」も置くことになります（ルール6。327条3項）

＊監査等委員会設置会社と3委員会設置会社は、取締役会の決定機能を大幅に縮小し、それぞれ取締役や執行役に移せる制度です。そのため一層の監査強化が必要であり、会計面の監査を強化するために会計監査人の設置が必須とされています。

ルール10　「公開・大会社の監査強化」

公開・大会社は、監査役会と会計監査人とを、両方、置かなければならない。ただし監査等委員会設置会社、3委員会設置会社は除く（328条1項）

＊公開・大会社の規模になると、会計も複雑となり、利害関係者も多くなるので、監査役会と会計監査人の両方をセットで設置し、監査を強化する必要があるのです。

＊監査等委員会設置会社、3委員会設置会社は、すでに会計監査人の設置が義務付けられているので（ルール9）、ルール10からは除外されます。

ルール11　「社外取締役の設置義務」

監査役会設置会社であって、公開・大会社であり、有価証券報告書の提出義務がある会社は、社外取締役を置かなければならない（327条の2）

＊ここに規定される監査役会設置会社は少なくとも一人の「社外取締役」を置くことを義務付けられます。取締役会の決定・監督機能の質を高め、ガバナンスを向上させるためです。

＊「有価証券報告書の提出義務のある会社」とは、株式を上場している会社、および非上場で資本金5億円以上、株主が1000人以上の会社です（金商品法24条1項1号、4号、同施行令3条の6第6項1号）。

＊「社外取締役」の要件は厳格に定められています（2条15号）。社外取締役の資格要件については第3章をご覧ください（第3章6節）。現実の取締役会では社内出身の取締役が多数を占めているのが現状です。社外の幅広い視点からの意見を社内に取り入れることはコーポレートガバナンスを充実させるうえで必要不可欠です。

5　ガバナンス面から見た株式会社の類型

(1) 取締役会の有無による分類

以上のルールをもとに整理しますと図表2－3になります。まず、株式会社は「取締役会」の有無により、「取締役会設置会社」と「取締役会非設置会社」（「ボードなき会社」）に分かれます。

図表 2-3
ガバナンス面から見た株式会社

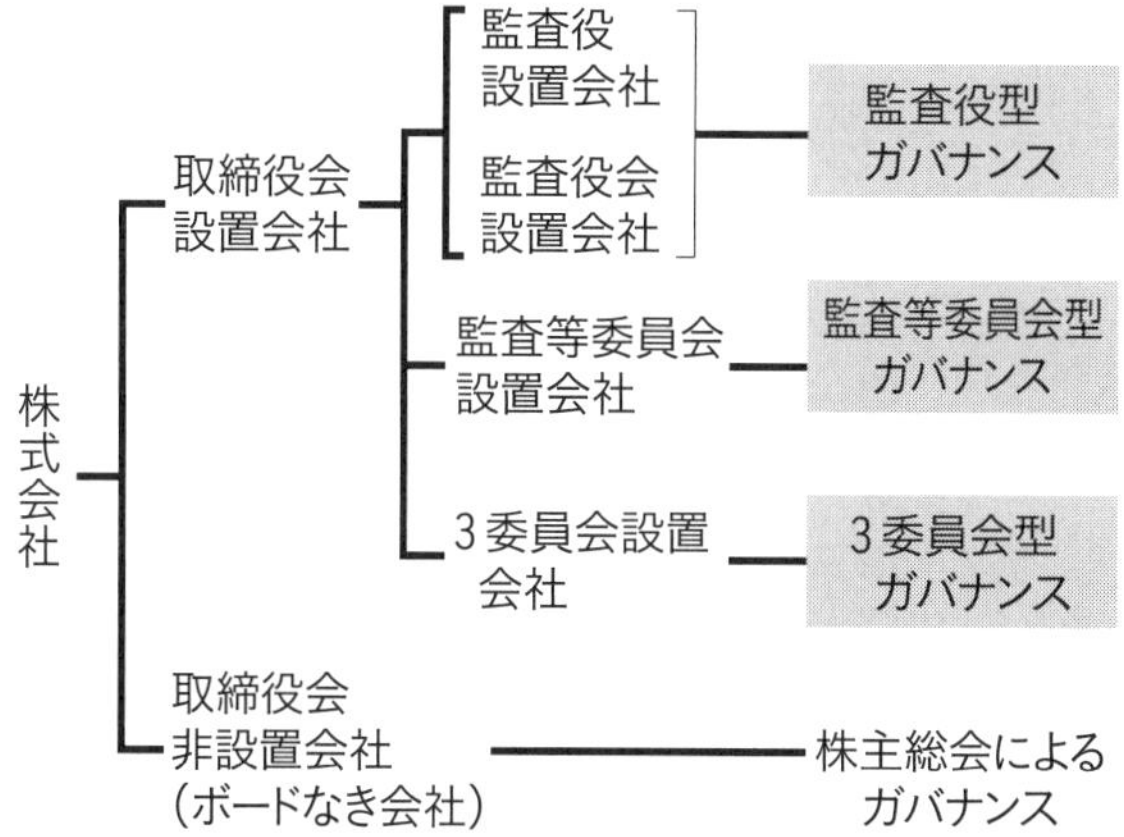

（2）監査機関による4つの類型、3つのガバナンス基本タイプ

次に「取締役会設置会社」は、監査機関の種類により、「監査役設置会社」「監査役会設置会社」「監査等委員会設置会社」「3委員会設置会社」の4類型に分けることができます。

この4類型をそれぞれ、監査役型ガバナンス、監査役会型ガバナンス、監査等委員会型ガバナンス、3委員会型ガバナンスと呼ぶことにします。これに対して、ボードなき会社は「株主総会によるガバナンス」です。

このうち監査役型と監査役会型は、

本質的には同じです。監査役は一人で監査権限を行使する「独任制」の機関であり、監査役会を置いたときも独任制は貫かれているからです。監査役型と監査役会型はガバナンス面では合わせて考えるのが妥当です。

そこで、以下では株式会社を、「監査役型の会社」「監査等委員会型の会社」「3委員会型の会社」と3つに分けて呼ぶことにします。法律上、監査役会の有無で法の適用が区別されているときだけは「監査役設置会社」「監査役会設置会社」と呼びます。

第3章

監査役型の会社と取締役

1　監査役型の会社の概要

本章では、「監査役型の会社」を対象として、その仕組みについて説明します。監査役型の会社の基本的な仕組みは、「ボードなき会社」（取締役会非設置会社）では万能とされていた株主総会の決定権限が「会社法と定款に定められる事項」に限定され、その代わりに取締役会が決定権限を持ち、その決定・監督のもとに代表取締役らが執行を行い、監査役が取締役や執行機関の活動状況を監査するというものです。

なお、取締役会と取締役との関係、取締役会の決定機能、監督機能の基本は、監査等委員会型の会社、3委員会型の会社にも共通します。

図表 3-1
監査役型の会社

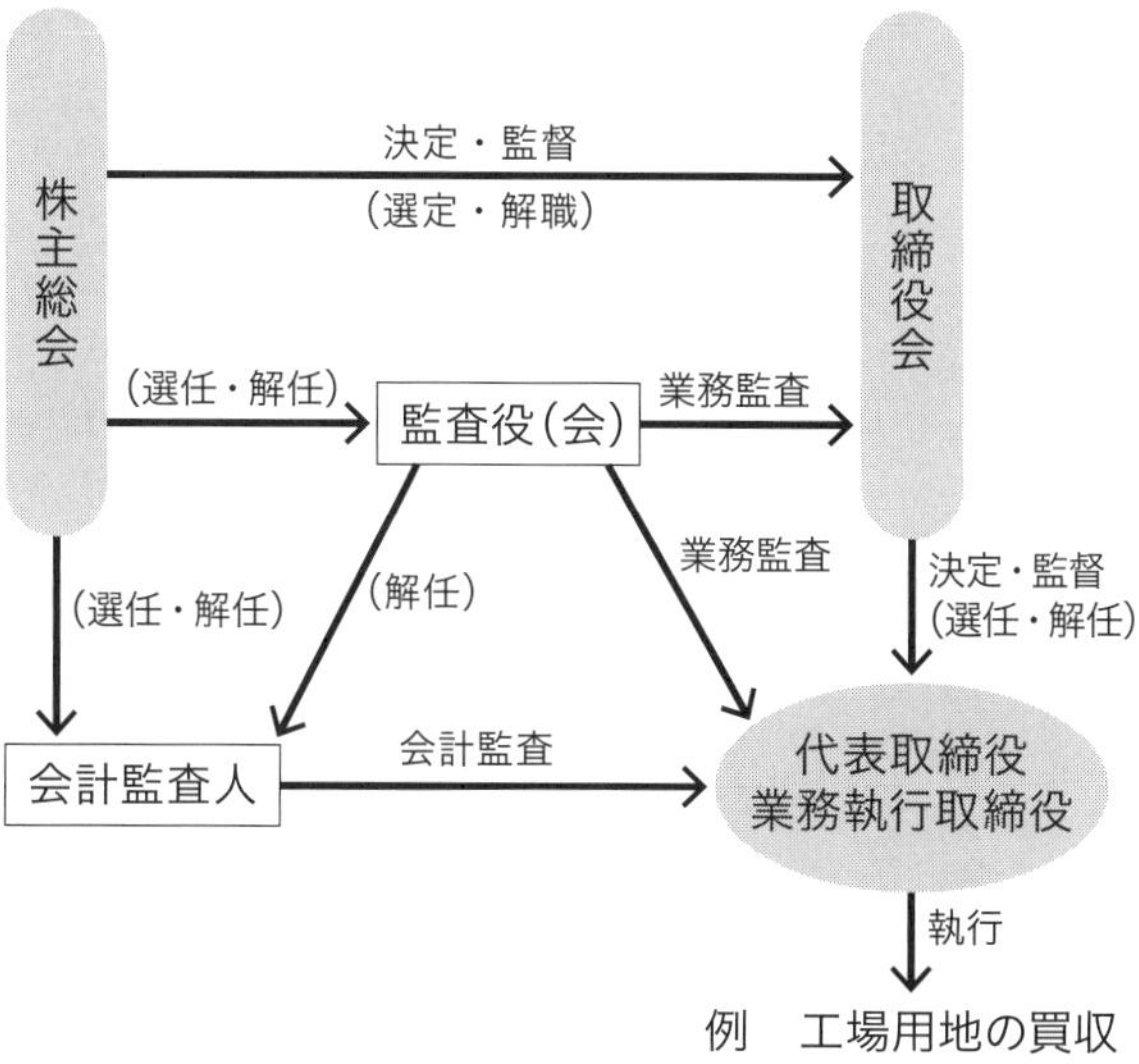

2 取締役会の設置と株主総会の権限

(1) 限定される株主総会の決定機能

監査役型に限らず、監査等委員会型、3委員会型の会社とも、取締役会を設置している会社では株主総会の決定権限は大幅に限定され、その権限は取締役会に移されています。株主総会は「会社法と定款に定められている事項」についてしか決議することができません（「**決議事項限定主義**」、295条2項)。その分、「株主主権」は限定されます。

定款で総会決議事項を定めている会社はほとんどありません。そこで、実際のところ株主総会が決定できる事項は会社法に定められた事柄（「**法定決議事項**」）だけになります。株主総会の法定決議事項としては、◎定款変更など会社の基本方針に関する事項、◎合併、会社分割など会社の根本的組織のあり方に関する事項、◎取締役・監査役・会計参与など役員の選任・解任、報酬に関する事項、◎剰余金の配当など株主の利益に関する事項など、きわめて重要な事項が残されています。

これら法定の決議事項以外の事柄については、株主総会は決議することができません。

(2) 依然として存続している「株主主権」の考え方

しかし、株主総会の決定権限が限定されたのは、いちいち総会を開催して決議するのは「無理だから」という理由です。「株主主権」の大原則がなくなったわけではありません。取締役はそのことを忘れるべきではありません。たとえば「敵対的M&A」に対する「買収防衛策」の導入・廃止は、法定決議事項ではありませんが、多くの会社が株主総会に諮っています。「株主主権」尊重の考え方から自主的に行われているものと思われます。

したがって、たとえば、総会の法定決議事項とされる「事業の重要な一部の譲渡」（467条1項2号）について、「重要な一部」といえるか、総会にかけるべきかなどと悩むのであれば、ためらうことなく株主総会に議案を提出して株主の判断を求めるべきです。それが「株主重視経営」です。

(3) 株主総会の監督機能　厳然として存続している「株主主権」

決議事項こそ限定されましたが、役員に対する株主総会の監督機能は厳然として残っています。監督機能を支える第一の手段は、取締役の「選任・解任権」（329条、339条）です。しかも、あえて解任議案が提出されなくても、現経営陣が自分たちを再任してほしいとして「取締役選任の件」が会社提案として提出されたときに株主総会が否決すれば、実質的には「解任」と同じ意味を持ちます。このように選任・解任権が株主の重要なガバナンス手段となっています（第2章3節（6）具体的なガバナンスの手段）。

株主総会の役員に対する監督機能を支える第二の手段は、「報酬決定権」です（361条、379条、387条）。報酬決定権を株主総会が有している理由について、一般には役員が自分の報酬を決めてしまう「お手盛り」を防止するためだと説明されています。しかし、もっと積極的に、株主は役員に対する「実質的な委任者」なのだから、当然に役員に対する報酬決定権も持っていると考えるのが自然です。株主主権の原則に基づく理解です。取締役の報酬については第9章で述べています。株主の監督機能に関するその他の手段については第2章3節（6）をご覧ください。

3 取締役会の決定機能

(1) 取締役会と取締役

「取締役会」は3人以上の取締役（331条5項）全員で構成される合議体で、3カ月に1回以上開催されます（363条2項）。取締役会は、その決定機能、監督機能により執行機関をガバナンスします（362条2項）。個々の取締役の職務は、取締役会という「ボード」のメンバーとなって取締役会の審議・決議に加わり、そのことにより執行機関に対する決定・監督を行うことです。

執行機能を兼務しない、純粋な「取締役」は執行行為を行いません。ボードメンバーとして力を尽くすのが職務です。たとえば、あなたが取締役会の審議事項について「調査が必要だ」と思ったときは、取締役会に調査の実行を提案し、取締役会決議の形で執行機関に調査を命じることになります。実際上は取締役が取締役会の事務局に直接に調査を依頼して断られることはないと思います。

(2) 取締役会の決定機能

① 一定範囲で執行機関に決定を委ねることも可能

取締役会は業務執行に関する事柄を決定し(362条2項1号)、執行機関にその決定に従わせることでガバナンス機能を発揮します。取締役会は株主に代わって会社の運営に関する事項を決める機関ですから、およそ会社運営に関することであれば、定款や会社法で株主総会の決議事項とされている以外の、すべての事項について決議することができます。

けれども、あまりに細かな事務的なことまですべて取締役会で決めるというのは現実的ではありません。そこで、取締役会はある程度概括的なことを定め、後は執行機関に裁量権を与えて委ねる方法を取ります。たとえば「工場用地買収の件」であれば、用地としてふさわしい条件、予算、およその地域などを取締役会で決めて、あとは執行機関に任せるのです。

②取締役会の専決事項

ただし、株主主権の原則からすれば、取締役会は、すべてを執行機関に委ねてしまうことは許されません。それでは「ガバナンスの放棄」です。そこで、会社法は、これらの事項を決めるときは、取締役会自身が決めなければならないという、取締役会の専属的な決議事項を、**「重要な業務執行に関する事項」として**列挙しています（**「取締役会の専決事項」**）、ⓐ重要な財産の処分、譲り受け、ⓑ多額の借財、ⓒ重要な使用人（従業員）の選任、解任、ⓓ重要な組織の設置、変更、廃止、ⓔ社債の募集に関する事柄として会社法施行規則（同99条）に定められる事項、ⓕ会社およびグループ会社の業務の適正を確保する体制（「適正確保体制」〈**内部統制システム**〉）に関する事項、ⓖ定款に基づいて行う、取締役・会計参与・監査役・執行役・会計監査人の会社に対する損害賠償責任の免除です（以上、362条4項）。その他にも、「D&O保険」「補償契約」など、取締役会で決議すべきと会社法で定められている事項はありますが、関連するところで説明します。

「重要な財産」「多額の借財」などの「重要」「多額」の具体的な範囲、数値などについて、多くの会社は「取締役会規則」「付議基準」などで定めています。取締役会で決議すべき事項をどこまで広げるかは、取締役会によるガバナンスの充実と執行の効率性との兼ね合いで決まります。けれども、具体的な事案に接して、「取締役会に付議すべきか」と迷うことがあれば、取締役会にかけるべきです。取締役会は株主に代わって執行機関をガバナンスする機関ですから、「迷うなら付議」が株主重視経営の姿勢です。

なお、大会社は「内部統制システムに関する事項」は必ず決めておかなければなりません(362条5項。**「取締役会の必須決議事項」**)。「内部統制システム」はコーポレートガバナンスと密接に関連する大切な事柄だからです。第7章10節で改めて述べます。

③定款に「剰余金配当の特則」を定めることができる

剰余金の配当は先に示したように、本来は株主総会の決議事項です。しかし、会社法は、ⓐ会社の計算書類が法令の定める要件に照らして正当に表示されていること、ⓑ会計監査人が置かれていること、ⓒ監査役会型の会社、監査等委員会型の会社、3委員会型の会社のいずれかであること、ⓓ取締役(監査等委員会型の会社は監査等委員以外の取締役)の任期が1年であることを条件に、定款に、「剰余金の配当を取締役会限りで決議できる」という規定を設けてよいという特則を定めています(459条1項4号、2項、会社計算規則155条)。

会社法がきわめて厳重な条件を付けているのは、剰余金配当は株主の重要な権利に関する事柄であり、その点に関する株主総会の権限を制限することになるからです。

④賛否の意思表示は責任を伴う

個々の取締役は取締役会の決議に参加しますが、決議内容が原因になって会社に損害が生じ、取締役に故意・過失があれば、取締役は賠償責任を負うことになります。賛成・反対の意思表示は法的責任を伴うのです。取締役は、会社に損害を生じさせないために、また自分が賠償責任を問われる事態とならないためにも取締役会での審議、決議に善管注意義務を尽くすのです。その指針として**「経営判断の原則」**があります。第7章9節でくわしく説明します。

4 取締役会の監督機能

(1)「監督」という意味

以上の決定機能に加えて、取締役会は執行機関に対する監督機能を担います（362条2項2号）。「監督」とは、取締役会の決定どおりに執行機関が与えられた裁量権の範囲内で誠実に執行してくれているかを確認し、問題があれば是正を命じることです。執行機関に対する「監督義務」は、すべての取締役がボードメンバーとして負っている義務です。

実例として、電気製品修理会社の代表取締役が、会社を設立した当初から株主総会も取締役会も開催せず、計算書類も作成せず、監査役の監査も受けず、独断で経営をしていたところ倒産して債権者に損害を与えた事案で、代表取締役以外の取締役らは取締役会の開催を要求するなどして代表取締役を「監視」すべきであったのにこれを怠ったとして、取締役らに債権者に対する賠償を命じた判例があります（「電気製品修理会社事件」最高裁、1973年5月22日判決）。執行機関に対する個々の取締役の監督義務の重さが実感できる事例です。このような、取締役の代表取締役に対する監督義務を一般には「代表取締役に対する**監視義務**」と呼んでいます。が、取締役は「監視」にとどまらず、取締役会の開催を要求するなどして、積極的に「行動」しなければならないのですから「**監督義務**」というほうがふさわしいと考えます。

(2) 代表取締役

①代表取締役の執行組織での呼称

監査役型の会社で執行組織の中心は「**代表取締役**」です。代表取締役は取締役会で「選定」「解職」されます(362条2項3号)。代表取締役は、一切の裁判上裁判外の行為を行う「代表権」という強力な法的権限を持ち(349条4項)、ピラミッド型の執行組織を統率します。

代表取締役が複数いる場合、そのなかで会社のトップを務める者を、「**社長**」「**CEO**」(chief executive officer:最高経営責任者)などと呼びます。本書では「**経営トップ**」と呼ぶことにします。

②代表取締役が欠けたとき

代表取締役が欠けた場合、または定款で定めた員数が欠けた場合は、任期満了・辞任によって退任した代表取締役は後任の代表取締役が就任するまでは、代表取締役の権利義務を負うことになっています（351条1項）。そうしないと会社の執行が停滞するからです。また、利害関係人が裁判所に申請して一時的に代表取締役の職務を行う者（「一時代表取締役」）を選任してもらうことができます（351条2項）。

③表見代表取締役

実際は代表権がない取締役が「社長」「副社長」など、いかにも代表権があるような肩書きを使い、会社がそれを許しているときは、会社は、その肩書を信じて取引した相手方に対して本当に代表権があったのと同様に責任を負わなければなりません。これを**「表見代表取締役」**といいます（354条）。「取締役会長」という肩書きは表見代表取締役に該当するとした判例があります（東京地裁、1973年4月25日判決）。取締役は、他の取締役が外部でどのような肩書の名刺を使っているのか、確認しておくことが必要です。

（3）業務執行取締役

「業務執行取締役」とは、取締役のなかから業務を執行する取締役として、取締役会で「選定」された取締役です（363条1項2号）。前述したように純粋な「取締役」はボードメンバーであって業務執行はしません。そこで、業務執行も行う取締役として業務執行取締役が選定されます。「解職」の権限も当然、取締役会が持っています。

業務執行取締役は「専務」「常務」などの肩書を持って、経営トップの統率下でピラミッド型組織の運営を担います。

（4）使用人兼務取締役

さらに、**「使用人兼務取締役」**といって会社の従業員（法律用語は「使用人」）の立場を兼務する取締役もいます。「営業部長取締役」「工場長取締役」「総務部長取締役」という肩書の人たちです。取締役としての委任契約と従業員としての労働契約と、二つの契約を結んでいることになります。

使用人兼務取締役の一つの顔は「取締役」であり、経営トップと対等平等のプロフェッショナルですが、もう一つの顔は「従業員」であり、経営トップの指揮命令に従う立場です。

(5) 執行役員

以上に加えて**「執行役員」**を置いている企業もあります。執行役員とは、会社との契約で相当程度の裁量権を与えられて執行を担当する人です。会社法上の制度ではなく、執行「機関」ではありません。従って、株主代表訴訟の対象にはなりません。

執行役員と会社との契約は「委任契約型」「労働契約型」と二種類あり、企業によって異なります。一般に、執行役員は広い裁量権を与えられているので基本的には委任契約の色彩が強いと思われます。契約上、任務懈怠責任が生じるのは「故意・重過失」がある場合に限定されている例が多く、「故意・過失」で責任が生じる取締役とは違います。また、任期が終了したとき元の従業員に戻れるという契約タイプもあり、その点でも実質的身分保障のない取締役とは異なります。

(6) 取締役会への報告義務

代表取締役、業務執行取締役は取締役会に対して3カ月に1回以上、職務の執行状況を報告する義務を負います（363条2項）。そのために取締役会は3カ月に1回以上開催されるのです。

しかし、ビジネスは時々刻々と動いていくものであることを考えると、取締役会が監督機能を十分に果たすためには、月1回程度に報告の頻度を増やすのが妥当です。

社内出身の取締役は、社外取締役、社外監査役に理解してもらうために、報告の仕方も、図表を用いたり、業界用語には解説を付けたりするなど、工夫が必要です。そうしないと社外役員の力を引き出すことができません。

(7)「解職権限」はガバナンスの「伝家の宝刀」

①代表取締役、業務執行取締役の「解職」

取締役会は、代表取締役、業務執行取締役が執行機関として不適切であると判断したときは、その決議をもって「解職」することができます（362条2項3号、363条1項

2号)。不適切とは、法令定款に違反している、取締役会の決定に従わない、与えられた裁量権を逸脱する、是正命令に従わないなどといった場合です。

「解職」とは代表取締役の代表者、業務執行取締役の業務執行者としての職を解くという意味です。「取締役」の身分そのものは株主総会でないと解任できません。

解職権限は、取締役会にとってガバナンス実践上の「伝家の宝刀」といえます。伝家の宝刀であるだけに最後の手段とすべきです。「解職」は異例の事態であり、上場会社の場合は大きく報道されます。代表取締役の場合は解職されると登記簿に「解任により退任」(登記実務上は解職ではなく、解任と表現)と記載されます。できれば取締役会は、調査認定した事実を代表取締役に示したうえで説得し、自主的に代表者を退任してもらうように仕向けるべきです。

②使用人兼務取締役の「解任」

使用人兼務取締役の場合、「使用人」としての解雇は、「重要な使用人の解任」ですから取締役会の決議事項であり、労働契約法の「合理性」と「相当性」の要件を充たすことが必要です。従って取締役会決議で解任されます。

③執行役員の「解任」

執行役員は、その執行ぶりが不適切であるときは「取締役会決議をもって解任する」という趣旨の条項が執行役員契約に定められているはずです。仮に定めがないとしても委任契約タイプであれば「解約自由の原則」により、いつでも取締役会で解任できます。

5 取締役会のガバナンス機能の課題

(1) 取締役会の制度と執行組織

以上のようなガバナンスの制度が整っているのですが、これまで取締役会の執行機関に対する監督機能はうまく発揮されてきませんでした。「企業価値を高める」面でも「不作為」と評されるほど事業革新が行われなかった会社の例もあり、他方、「不祥事防止」の面でも法令違反行為、不適切行為が後を絶ちませんでした。監査役の制度も強化されてきましたが、十分に機能はしてこなかったのが実情です。

その原因は、法的な取締役会のガバナンス構造と、実際の執行組織のピラミッド構造と

図表 3-2
逆転の構造

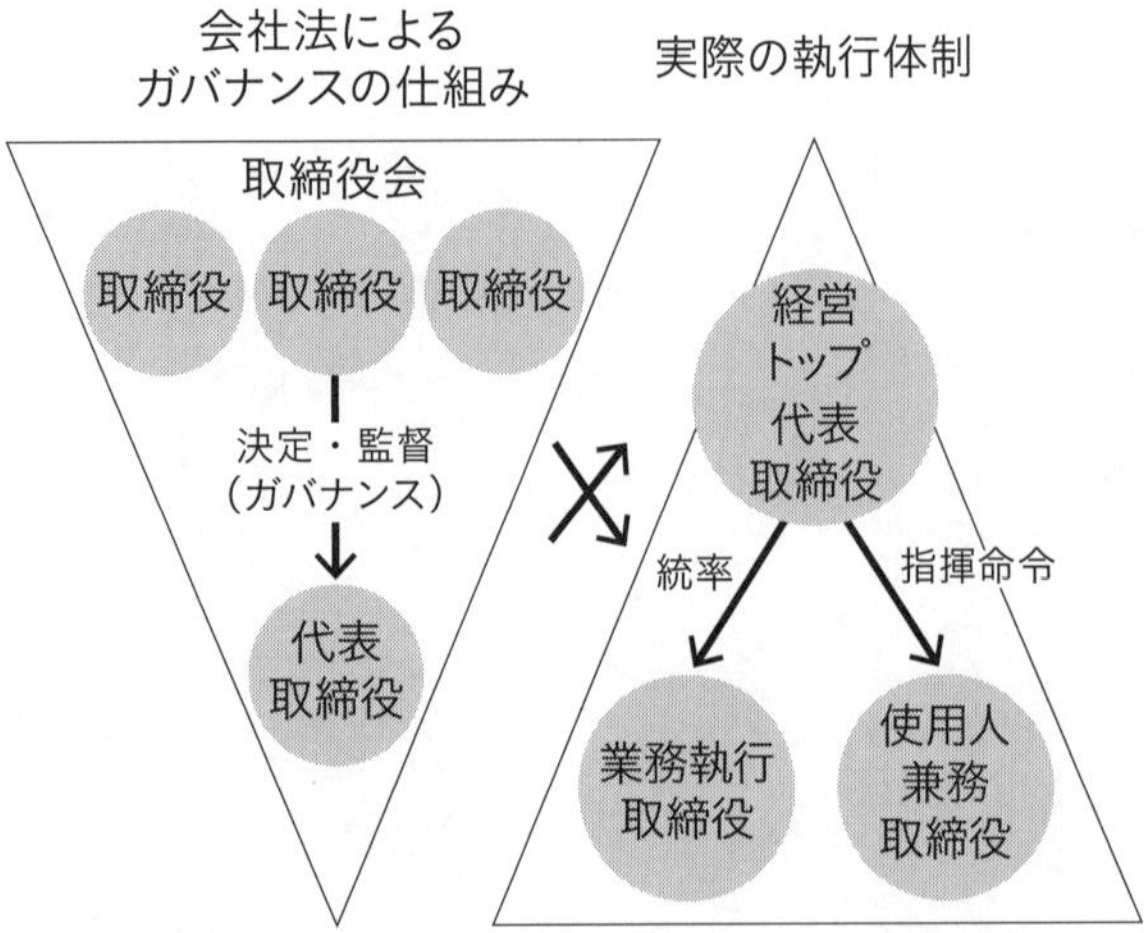

が逆転していることにあります(逆転構造)。会社法の取締役会と執行組織の関係は、図表3−2のように逆三角形です。

取締役会はその決定機能と監督機能とを通じて代表取締役、業務執行取締役など執行組織をガバナンスします。これに対して、執行組織では代表取締役・経営トップを頂点とするピラミッド型組織となっていて、普通の三角形です。このような逆転構造となっているところにガバナンスが効果を上げられない理由があります。

(2) 取締役が業務執行も行っている点

現状では、取締役の大半が社内出身であり、しかも業務執行取締役または使用人兼務取締役として執行を行っています。そうした取締役は取締役会の場では経営トップを監督する立場ですが、一歩会議室の外に出ると、逆転して、業務執行取締役は経営トップに統率され、使用人兼務取締役は経営トップに指揮命令される立場になるのです。これでは「取締役会」の場に戻っても経営トップを「監督」することは困難です。

(3) 逆転構造を解消する方法

この「逆転構造」を解消しないと取締役会はガバナンス機能を発揮できません。対策の第1は何といっても、社内出身の取締役が「取締役」としての立場を再確認し、元従業員のときと意識を切り替えることです（第1章）。第2は、業務を執行せずに、ボードメンバーとしての業務に専念する、純然たる取締役、**「非業務執行取締役」**を設置することです。CGコードも上場会社に対して「業務の執行に携わらない取締役」の活用について検討することを勧めています（原則4－6）。

そして、第3の対策が執行機関としがらみのない取締役、つまり「社外取締役」を設置することです。

6 社外取締役

(1) 社外取締役の設置義務

「社外取締役」とは執行組織としがらみがなく、世論、株主の意見を取締役会に反映させ、ガバナンスの向上への貢献が期待できる取締役で、次項に述べる資格要件を充たす必要があります。

監査役会を置いている公開・大会社で、かつ有価証券報告書を提出している会社は、一人以上の社外取締役を設置することを義務付けられています（327条の2、ルール11)。監査等委員会型、3委員会型の会社ではすでに社外取締役の設置が義務付けられています。

義務付けられている会社が社外取締役を設置しないと、設置義務の責任者である経営トップの取締役は100万円以下の過料に処せられます（976条19号の2）。「過料」は行政罰で刑事罰ではありません。

（2）社外取締役の要件

「社外取締役」の資格要件は、取締役会のガバナンス力を強化するために、執行組織としがらみがなく、経営トップに遠慮なく発言できる人という観点から詳細に定められています。

社外取締役の要件は次の5つです。

i　現に、その会社や子会社の**「業務執行取締役等」**（取締役会で選定された業務執行取締役、執行をしたことのある取締役、執行役、支配人その他の使用人）ではなく、かつ、就任前10年間にも業務執行取締役等の立場であったことがないこと（2条15号イ）

この「業務執行取締役等」という用語のなかに「執行をしたことのある取締役」が加えられているのは、取締役会で正式に選定された業務執行取締役でなくても、代表取締役に執行を委ねられて事実上、執行行為をした取締役も「過去のしがらみ」があるので、社外とはいえないという趣旨です。

ii　就任前10年間に会社や子会社の取締役、会計参与（会計参与が法人であるときは、その職務を行うべき社員）、監査役であったことがある場合（「業務執行取締役等であったことがある者を除く」）は、それらの就任前10年間、会社や子会社の「業務執行取締役等」であったことがないこと（2条15号ロ）

この規制の趣旨は、就任前の10年間は非業務執行取締役、会計参与、監査役など執行にしがらみのない立場であったとしても、さらに10年さかのぼった期間中に「業務執行取締役等」であった場合は、社外取締役の要件を充たさないということです。

iii　①親会社（会社の経営を支配している法人）の取締役、執行役、支配人その他の従業員、または、②会社の経営を支配している自然人ではないこと（2条15号ハ。①②を合わせて**「親会社等」**といいます）

この**「経営を支配している」**の意味については、議決権が50％を超えている場合、議決権が40％以上であり、これにその法人・自然人と同調する議決権を加えると50％を超える場合、など細かく定められています（会社規3条2項3項、3条の2第2項、3項）。「親会社等」の利害を背負っている人であると、純粋に会社の利益を考えてくれることが期待できないため、社外取締役にはふさわしくないとされているのです。

ⅳ　兄弟会社（親会社の別の子会社）の「業務執行取締役等」でないこと（2条15号ニ）

「業務執行取締役等」の意味はⅰとその説明をご覧ください。

ⅴ　会社の取締役、執行役、支配人その他の重要な使用人、または会社の経営を支配している自然人の配偶者または2親等内の親族でないこと（2条15号ホ）

親子は1親等、兄弟姉妹は2親等です。こうした人たちも社外取締役にはふさわしくないという趣旨です。

(3) 社外取締役の候補者を探すには

「社外取締役の候補者が少ない」という声もあります。それは著名な経営者、専門家などに選択が集中しているからです。けれども、社外取締役の目的は、世論と株主の声を取締役会に取り入れ、執行機関に対する監督力を充実させ、逆転構造を改善することです。そうした要請に応えられる人材は世の中に潜在的に多数いるはずです。そこで、候補者を一般公募して法定または任意の「指名委員会」などで、企業ごとの基準をもとに面接などを行って候補者を選ぶ方法もあります。

(4)証券取引所が求める「独立役員」制度

①独立役員とは

東京証券取引所ほかの証券取引所は、上場会社に対して、少なくとも一人の**「独立役員」**を確保して、「独立役員届出書」を提出するように求めています。独立役員は「一般株主と利益相反が生じるおそれのない社外取締役または社外監査役」と定義され、**「独立性基準」**が設けられています。

会社法の「社外取締役」の目的は「世論・株主の声を社内に取り入れること」であるのに対して、「独立役員」の目的は「一般株主の保護」にあります。大株主が経営陣と一緒になって、少数派である一般株主の利害を軽視して経営政策を強引に進めるおそれがない

図表 3-3
独立社外取締役

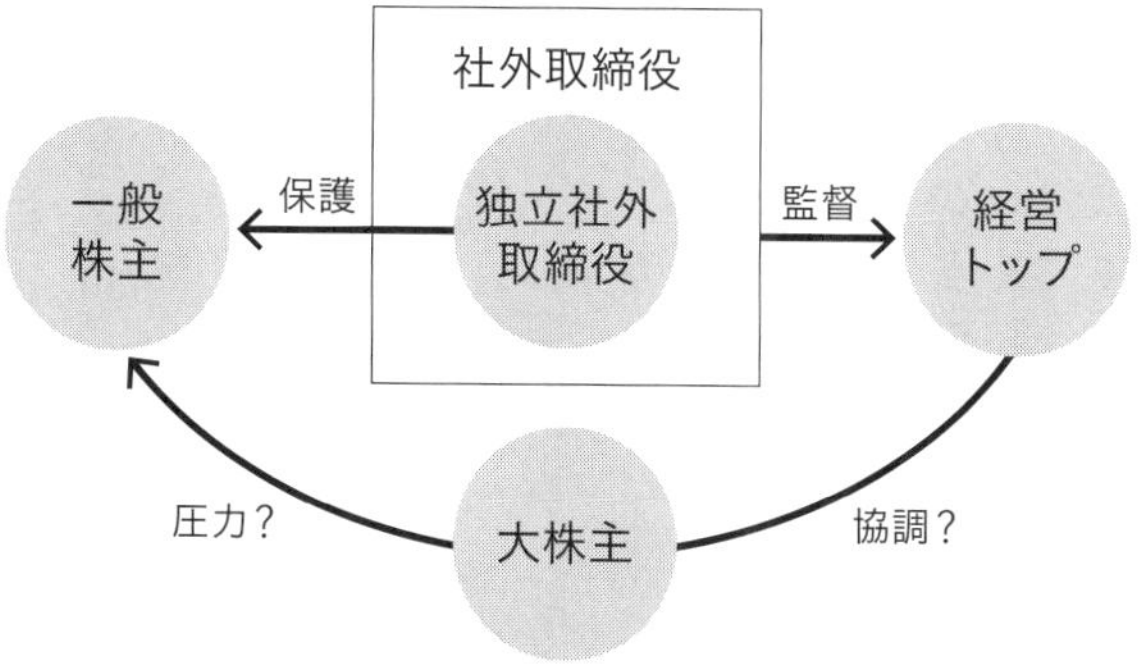

とは言えません。そこで一般株主を守るために独立役員が必要なのです。

会社は社外の取締役・監査役のなかから基準を充たす「独立役員」を確認して届け出る必要があります。以下では独立基準を満たす社外取締役を**「独立社外取締役」**といいます。

②独立性の基準

東京証券取引所は独立役員の「独立性基準」として、「主要取引先の業務執行者」や「当該上場会社から多額の報酬を得ている会計・法律の専門家」などに該当しないことを掲げています。いずれも経営陣、大株主側の立場に立つ可能性が高いと思われる人々です。

自身は独立役員ではないとしても、取締役

は、大株主と少数株主との利益が相反する状況が生じたときは、自らも、少数派株主の利害に配慮する姿勢を持つことが必要です。

③独立社外取締役の人数割合

CGコードは**「プライム市場」**（2022年4月導入）の上場会社は、独立社外取締役を3分の1以上、その他の市場では2名以上選任すべきであり、さらに必要と考えるときは、プライム市場では過半数、その他の市場では少なくとも3分の1以上選任すべきとしています（原則4－8）。「プライム市場」とは時価総額250億円以上、流通株式の時価総額100億円以上、発行済み株式のうち流通株式の比率が35％以上などの基準を充たす企業が株式を上場する市場です。

(5)社外取締役に業務執行を委託できる場合

会社と取締役との利益が相反する状況にあるとき、その他、取締役が業務を執行することにより株主の利益を損なうおそれがあるときは、会社は、そのつど、取締役会の決議により、社外取締役に業務執行を委託することができます（348条の2第1項）。社外取締役は業務執行を行いませんが、例外的に業務執行をしてもらうことができるのです。

委託することができる典型例は、取締役と会社との「利益相反取引」です（第8章3節（4））。取締役が自分の所有する不動産を会社に売却するような場合です。取締役はできるだけ高く売りたいのに対して会社はできるだけ安く買いたいのですから利益が相反します。また、「MBO」（Management Buyout：会社の経営陣が自ら会社を買収すること）の場合、経営陣はできるだけ安く会社の株式を買い取りたいのに対して、株主はできるだけ高く買ってもらうことを願います。経営陣の取締役と株主とでは利益が相反します。こうしたとき、経営陣としがらみのない社外取締役に会社としての業務執行を依頼するのです。

これらの場合、社外取締役が受託した業務を執行しても、社外取締役として除外されるべき「執行した」には該当しないとされています（348条の2第3項）。社外取締役の資格は失いません。

7 「特別取締役」による重要な財産事項の決議

取締役会は、取締役の数が6名以上であることと、うち1名以上が社外取締役であることを条件に、「重要な財産の処分、譲り受け」「多額の借財」（合わせて「重要な財産事項」）については、取締役会で選定された3名以上の「特別取締役」の過半数が出席し、その過半数の賛成で決定すれば、これをもって取締役会決議とすると定めることができます（373条1項）。

実際の会社運営では「重要な財産事項」に関する決裁は頻繁に生じます。6名以上の取締役がいるような会社で常に正式の取締役会を開催するのでは迅速な決定ができなくなるおそれがあるからです。この制度は監査等委員会型の会社にもあります。3委員会型の会社では、もともと取締役会決議で執行役に大幅な権限移譲ができるので、この制度はありません。

8 監査役と取締役

(1) 監査役の職務

監査役型の会社であなたが取締役として十分に業務を行うためには、監査役の仕事について知っておくことが大切です。そのうえで監査役と円滑な関係を築いていくべきです。

監査役の職務は、取締役の職務執行を監査して監査報告を作成することです。会計参与が置かれているときは会計参与も監査対象となります（381条1項）。「監査」とは、対象となる人、物、出来事などが、ある基準に照らして合致しているかどうかを見極めて依頼者に報告することです。監査役の場合、「基準」は、「不正でないこと」「法令・定款に合致していること」「著しく不当でないこと」です（382条参照）。取締役の決定・監督・執行の各場面における職務執行が、これらの基準に合致しているかを見極めて依頼者である会社に監査報告をするのが監査役の職務です。

(2) 株主の期待と監査役の使命

これらの基準のうち、「不正」「著しく不当」は抽象的な言葉ですが、会社に損失が生じているか、生じる危険性があるかという、リスク管理の観点から判断すべきです。監査役に対する委任者は法的には会社ですが、実質的な委任者は株主です。監査役に対する株主の期待は、取締役が方向性を間違えて会社に損失をもたらす事態を回避することであり、事後的対応よりは、事前に察知して食い止め、会社の損失を防ぐことのほうにウエイトがあります。こうした「**リスク予防機能**」を果たすことが監査役の究極の使命です。取締役は会社に著しい損害が生じるおそれのある事実を発見したときは直ちに監査役（会）に報告する義務を負っています（**取締役のリスク報告義務**、357条1項、2項）が、監査役にリスク予防機能を発揮してもらうためです。

(3) 監査役と取締役

このように整理すると、監査役は会社を守るために活動するのですが、同時に取締役自身をも間違えた方向から回避させ、守ることになります。取締役としてはこの点を理解し、取締役会や日常の業務過程における監査役の指摘や意見を尊重する姿勢を持つことが必要です。

(4) 独任制

監査役は複数の監査役がいる場合でも、個々の監査役が単独で監査権限を行使します。「**独任制**」といいます。A監査役は取締役の行為に問題がないと思っていても、B監査役は問題ありと考えるのであれば、B監査役は独自に監査権限を行使できます。監査等委員会や3委員会型の監査委員会が「委員会単位」で活動するのと根本的にちがう点です。

(5) 監査役の任期

監査役の任期は、選任後4年以内に終了する事業年度のうち最終のものに関する定時株主総会が終了するときまでです(338条1項)。監査役型の会社の取締役の任期が2年、最近は自主的に1年とする会社が多いなかで、4年とされるのは身分を保障することで執行組織に左右されない監査を行ってもらうためです。

図表 3-4
監査役の監査と内部監査

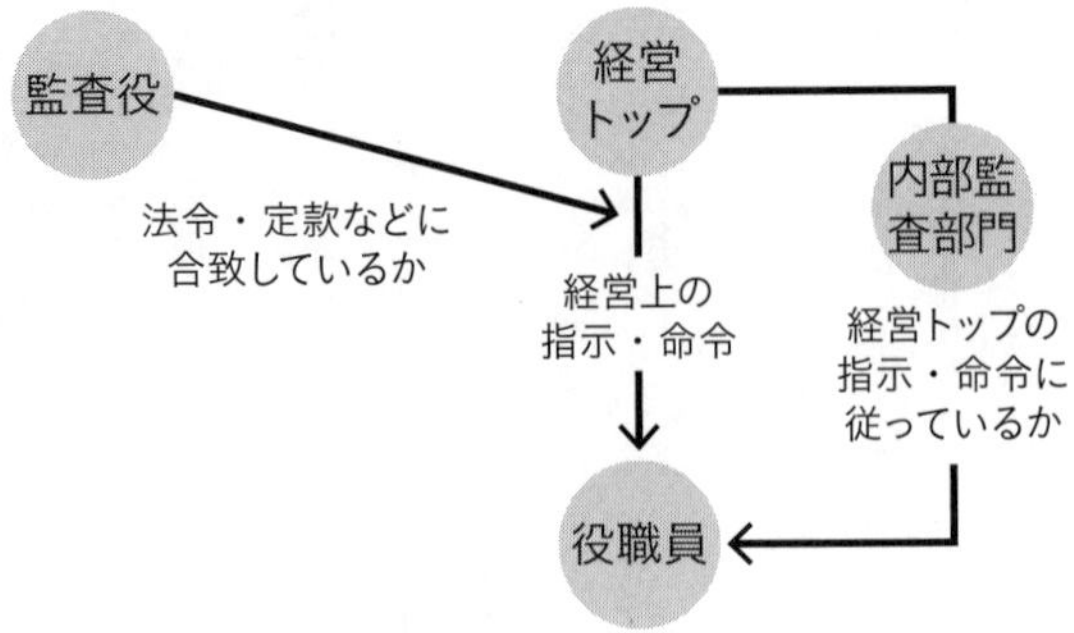

(6) 監査役の監査と内部監査のちがい

「監査役の監査」と「内部監査」とは目的がちがいます。「監査役の監査」は取締役の行為が不正、法令定款違反、著しく不当ではないかと見きわめることです。取締役のなかでも特に経営トップの行為を対象とします。

これに対して、「内部監査」とは、幹部や従業員たちが経営トップの指示・命令に従っているかを監査するものです。たとえば、販売会社の経営トップが従業員に実績目標を示して営業するように命じたとき、その目標達成努力を実践しているかを監査するのが内部監査です。これに対して、その経営トップの営業政策自体が、消費者契約法、労働基準法など法令に違反する事態を招いていないかと監査するのが、監査役の監査です。

経営トップの指示・命令に疑問があるとき、是正するのは監査役の役目です。「監査役と内部監査部門の協力が必要」というのは、このような意味においてです。

(7) 監査役の権限

①業務監査・会計監査の権限

監査役の監査は、取締役の行為全般に及びますので、業務面に関する「業務監査」だけではなく会計面に関する「会計監査」にも及びます。が、会計監査人が置かれているときは、監査役は、会計監査は会計監査人にある程度は委ねて、業務監査に力を集中することになります。

なお、非公開会社であって、監査役会も会計監査人も置かれていない会社では、定款で、監査役の権限を会計に関する事項に限定することができます(「**会計限定監査役**」389条)。

②会計監査人の選任・解任・不再任議案の決定権

監査役は、会計監査人の選任・解任・不再任について株主総会に出す議案を決定する権限を持っています（344条1項）。会計監査人の選任・解任などの議案を経営陣が決定し、その支配下に置こうとするのを防ぐためです。監査役が複数のときは過半数で決定し、監査役会があるときはその決議によります（同条2項、3項）。

③調査権、子会社調査権

監査役は取締役、会計参与、従業員らに対して事業について報告を求め、会社の業務や財産の調査を行うことができます（381条2項）。また、監査役は取締役の職務執行を監査するために必要性があるときは、子会社に対して、その事業について報告を求め、業務や財産の調査を行うことができます（381条3項）。ある会社の代表取締役会長は自分の賭博行為で生じた債務を、子会社に命じて弁済していました（「会長特別背任事件」）。このように取締役が子会社を悪用して不正を行うこともありうるため、監査役に与えられた権限です。子会社は正当な理由がある場合を除いて調査を拒むことはできません。

④取締役会への報告義務と取締役会の開催要求権

監査役は、取締役が不正な行為をしているとき、そのおそれがあるとき、または法令・定款に違反する事実、著しく不当な事実があるときは、取締役会に報告する義務があります（382条）。取締役会がガバナンス機能、監督機能を発揮して、こうした不当な事態を是正する措置を取ってくれることを期待しての報告です。ただし、取締役会メンバーが馴れ合っていて、そもそも取締役会を開催しないかもしれません。そのような場合に備えて監査役は「取締役会開催要求権」、要求に応じない場合の「取締役会招集権」を持っています（383条2項、3項）。

⑤取締役会などへ出席

監査役は取締役会に出席して、必要に応じて意見を述べる義務があります（383条1項）。審議事項、報告事項を観察し、取締役の法令・定款違反、不正・不当な行為を予防するためです。その他、経営会議、専務会、常務会など、重要と思われる会議には出席する権利があります。調査権に属する行為です。

⑥違法行為差止請求権

監査役は取締役が「目的」外の行為や法令・定款に違反し、違反するおそれがあり、そのことで会社に著しい損害が生じる可能性があるときは、当該取締役に対して行為を止めるように請求する権限があります。取締役がこれに応じないとき、監査役は裁判所に「**違法行為差止の仮処分**」を申請することができます（385条1項）。普通、仮処分を申請する場合は担保として保証金を積む必要があるのですが、監査役によるこの仮処分の場合は不要です（同条2項）。

(8) 会社と取締役との訴訟

会社が取締役に対して責任追及などの訴訟を提起するときは、監査役が会社を代表して行います（386条1項）。代表訴訟の提訴要求を受け付けるのも監査役です（同条2項）。取締役に任務懈怠行為があり会社に損害が生じた場合、取締役は会社に対して損害賠償責任を負います（423条）。会社は必要なら責任追及訴訟を提起することになります。けれども、「訴訟提起は執行行為だから」と、原則どおり代表取締役が会社を代表して提訴すると、追及する側と追及される側の立場が微妙に交錯するおそれが出てきます。

そこで、こうした会社と取締役との訴訟においては監査役が会社を代表することになっています。

(9) 監査役会

①監査役会

「監査役会」は3名以上のすべての監査役で組織される合議体で、半数以上は「社外監査役」である必要があります(335条3項)。監査役は独任制ですから監査自体は個々の監査役が行うのですが、監査の分担を決め重複を避けるなど効率化を図るため、情報交換、意見交換が必要です。そのための場が監査役会です。監査役会が行うべきこととして法律で定められているのは、①監査報告の作成、②常勤監査役の選定、解職、③監査方針の決定などです(390条2項)。

監査報告は監査役会として作成しますが、個々の監査役は、意見がちがうときは自己の意見を付記することができます(会社規123条2項)。独任制だからです。**「常勤監査役」**はその会社の監査業務に専念できる人がなるべきです。会社の業務、組織をよく知っている人が監査役会にいないと実効的な監査はできません。「監査方針」は監査役会で協議して作成されるもので、取締役会にも「本年度の監査方針」として示されます。

取締役としても、円滑な監査実現のために監査役会の基本的な問題意識を知っておくことが望まれます。

②社外監査役

「**社外監査役**」は執行組織とのしがらみがなく、独立性を有する者として定められている資格要件（2条16号）に合致する監査役です。当該会社の経営を支配している自然人や法人である親会社の取締役、監査役、執行役、支配人その他の従業員ではないことという要件（16号ハ）は、こうした立場の人は親会社の利益を優先する可能性があるので、社外監査役には適さないという趣旨です。

③会計監査人と監査役会

監査役会は、会計監査人に任務懈怠などがあるときは、全員の同意をもって解任することができます（340条1項、2項、4項）。解任したときはその理由を株主総会で報告します（同条3項）。

9　会計監査人と取締役

(1) 会計監査人の任務

会計監査人は、取締役の職務執行の会計面を監査する外部専門家であり、株主総会で選任され、会社の計算書類、その附属明細書、臨時計算書類、連結計算書類を監査して、会計監査報告を作成します（396条1項）。監査役が主に業務面から取締役の監査を行うのに対して、会計面から取締役の監査を行います。

会社の「計算」（会計）は株主、投資家、取引先など関係者に対して会社の財政状態や経営成績を開示するきわめて重要な作業です。そこに虚偽や誤りがあるとこうした関係者に大きな影響を与えます。そこで適正な監査が必要になるのです。

(2) 資格要件、選任・解任手続き、報酬

①資格要件

会計監査人の資格要件、選任・解任手続き、報酬については、厳格に規制されています。資格要件として、当該会社またはその子会社から、監査業務としての報酬以外に、コンサルティングなどで継続的に報酬を得ている者またはその配偶者は会計監査人となることができません（337条3項2号）。監査法人として報酬を得ているとき、その社員の半数以上が該当するときも同様です（同項3号）。公認会計士法でも監査する会社と利害関係を持つ者の執務は禁じられています（同法24条）。

②選任解任手続き

前述したように、株主総会に提出する、会計監査人の選任・解任・不再任の議案の内容は、ガバナンスの3タイプいずれの会社においても、監査機関、すなわち監査役、監査役会、監査等委員会、監査委員会が決定します（344条、399条の2第3項2号、404条2項2号）。選任・解任権を執行組織が持つと、会計監査人の独立性に疑いが出

てくるからです。

③報酬についての同意権

会計監査人の報酬契約は外部専門家との委託契約として執行組織が決定し、契約の締結をしますが、ガバナンスの3タイプいずれの会社においても、監査機関、すなわち監査役、監査役会、監査等委員会、監査委員会が同意権を持っています（399条）。

(3) 会計監査人と取締役

当然のことですが、「計算」を行う主体は、経営トップや最高財務責任者（Chief Financial Officer：CFO）を中心とする取締役です。「計算」と同義語である「会計」のことを英語で「アカウンティング」（Accounting）といいます。アカウントとは「説明」のことです。1年間事業を行ってきた実績について説明責任を負っているのは、株主から経営を受任している取締役自身です。

第4章

監査等委員会型の会社、3委員会型の会社と取締役

1　監査等委員会型の会社と取締役

（1）監査等委員会型の会社の概要

監査等委員会型の会社は、監査機能と一定の監督機能を併せ持つ「監査等委員会」が置かれ、①社外取締役が過半数か、②定款に規定があることを条件として、「重要な業務執行」に関する取締役会の決定権限を、執行を担当する取締役に大幅に委任できる制度です。

株主とすれば、大幅な権限委任を受けた執行担当取締役らがエネルギッシュに活躍して企業価値を高めてくれることを期待する一方で、その暴走も心配なところです。そこで、置かれている監査等委員会がガバナンス力を発揮する、これが監査等委員会型の基本理念です。

図表 4-1
監査等委員会型の会社

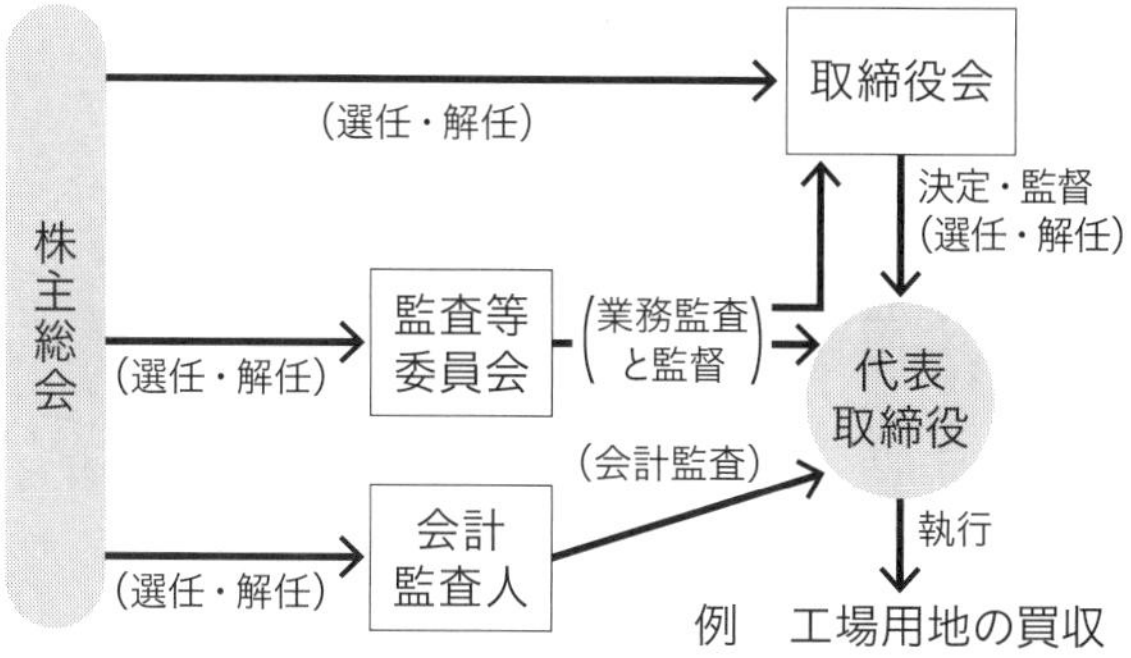

(2) 取締役会

①必須決議事項

監査等委員会型の会社は、取締役会の決定権限を執行機関に委任することを予定していますが、3つの事項については必ず自ら決議しなければなりません（「必須決議事項」）。ⓐ経営の基本方針、ⓑ監査等委員会の職務の執行のため必要な事項、ⓒ会社とグループ会社の業務の適正を確保するための体制（**「内部統制システム」**）の整備に関する事項の3点です（399条の13第1項1号イ、ロ、ハ、2項）。

ⓐの「経営の基本方針」は、取締役会の決定機能を大幅に委任することが予定されているため、「中期経営計画」など経営の基本方針はし

っかりと決めておくべしということです。ⓑの監査等委員会の職務の執行のため必要な事項としては、委員会の職務を補助する取締役、使用人（従業員）に関する事柄が挙げられています（会社規110条の4）。会社法が監査等委員会の活動に大きな期待を寄せていることがわかります。ⓒの「内部統制システム」については、監査等委員会型の会社である以上は、大会社でなくても定めなければなりません。

②重要な業務執行の決定権限の委任

監査等委員会型の会社でも、監査役型の会社と同様に、**「重要な業務執行」**（第3章3節（2））に関する事柄は取締役会で決定するのが原則です（399条の13第4項）。

ただし、監査等委員会型の会社では、例外として、ⓐ取締役会の過半数が社外取締役である場合、または、ⓑ定款に「取締役会決議によって取締役に委任できる」という趣旨の定めがある場合には、「重要な業務執行」に関する決定権限の全部または一部を、次項で述べる場合を除いて、取締役会決議をもって代表取締役など執行機関に委任することができます（399条の13第5項、6項）。業務執行取締役の選定・解職や重要な組織の設置、変更などを委任できるのです。

具体的にどの範囲まで委任するかは経営陣の政策判断によります。監査等委員会型を採用しながらも、委任はせずに重要な業務執行の決定は原則どおりのまま取締役会が行うことにしている会社もあります。委任の範囲については、取締役会のガバナンス力の維持と、執行機関のビジネス効率性とのバランスを考えて慎重に決めるべきです。

なお、このⓐまたはⓑの条件を満たす場合には、**「特別取締役による決議」**（第3章7節）の制度は適用されません。そんなことをしなくても、委任することができるからです（373条1項）。

③決定権限の委任が許されない専決事項

「重要な業務執行事項」のうちでも、執行機関への委任は許されず、決めるとすれば取締役会で決めなければならないとされる事項が、少なからずあります（**専決事項**、399条の13第5項ただし書1～22号）。いずれもガバナンス上重要か、株主にとって重要な事項で、具体的には次のとおりです。

◎譲渡制限株式または譲渡制限新株予約権の譲渡承認、◎市場取引による自己株式の買受を取締役会でできると定款で定めているときの買受決定、◎株主総会招集に関する事柄、

◎株主総会に提出する議案の内容の決定、◎会社と取締役の利益が相反するときの社外取締役に対する業務執行の委任（第3章6節（5））、◎監査等委員でない取締役の報酬の決定方針（第9章）、◎競業・利益相反取引の承認、◎取締役会を招集する取締役の決定、◎取締役と会社との訴訟における会社代表者の決定、◎定款の定めに基づく取締役、会計参与らの責任の免除、◎取締役・会計参与・会計監査人に対する「**補償契約**」の内容に関する決定（第10章）、◎D&O保険の内容の決定、◎計算書類の承認、◎中間配当に関する件、
◎事業譲渡・合併・会社分割、◎株式の交換契約の内容、◎株式の移転計画の内容、◎株式の交付計画の内容

④取締役会の監督機能

監査等委員会型の会社でも取締役会は代表取締役を中心とする執行組織に対する監督機能を持っています（399条の13第1項2号）。その監督機能を担保する強力な権限が代表取締役に対する選定・解職の権限です（同項3号、同条3項）。

監査等委員会型の会社の執行組織は、監査等委員以外の取締役の中から取締役会が選ん

だ代表取締役、業務執行取締役、使用人兼務取締役などで構成されます。取締役会は、代表取締役・業務執行取締役については選定・解職の権限を、使用人兼務取締役の使用人部分については選任・解任の権限を持っています。

監査等委員会型ガバナンスでは、身分を保障されている監査等委員が少なくとも3名、取締役会に入っています。しかも、監査等委員の過半数は社外取締役です。取締役会の監督機能は制度的に高められています。

⑤剰余金配当の特則

なお、監査等委員会型の会社でも、監査等委員以外の取締役の任期が1年を超えない場合、定款の定めによって、取締役会決議をもって剰余金の配当を行うことができるとする「**剰余金配当の特則**」は適用されます(459条1項、2項)。

⑥社外取締役に対する業務執行の委託

監査等委員会型の会社でも、会社と取締役の利益が相反するときは、社外取締役に業務執行を委託することができます(348条の2第1項)。

(3) 監査等委員会

①監査等委員会の構成

監査等委員でない取締役も、監査等委員会や監査等委員の職務執行についてよく知っておくことが必要です。監査等委員会の使命は取締役会のガバナンス機能を高めることにあるからです。

「**監査等委員会**」は3人以上の監査等委員取締役で構成され、その過半数は「社外取締役」でなければなりません(331条6項。社外取締役については第3章6節)。監査等委員は取締役でなければなりません(399条の2第2項)。

「**常勤監査等委員**」を置くことは法律上求められていませんが、ガバナンスの充実を期するためには、監査等委員会は常勤の監査等委員を選定すべきです。社内事情に精通した監査等委員がいなければ実効的な監査活動は困難です。

②監査等委員取締役の選任

監査等委員である取締役も監査等委員でない取締役も株主総会で選任されますが、両者は区別して選任される必要があります（329条2項）。株主に、執行機能を担うであろう取締役と、監査機能と一定の監督機能とを担う監査等委員とを意識的に区別して選任してもらうためです。

③監査等委員会の監査権限

監査等委員会の職務権限の第1は「監査権限」で、取締役、会計参与（置かれているとき）の職務執行を監査し、監査報告を作成する権限です（399条の2第3項1号）。監査権限の内容は監査役と同様ですが、監査役は監査役会が置かれているときでも単独で監査活動を行うのに対して、監査等委員会は基本的に「委員会単位」で活動します。監査等委員会も監査役と同様、取締役、会計参与、従業員らに対する調査権があり、また必要があるときは子会社に対する調査権を持ちます。

ただし、その調査を行うのは監査等委員会が選定した監査等委員です（「**選定監査等委員**」、399条の3第1項、2項）。選定監査等委員は、報告の徴収や調査の際、監査等委員会の決議があるときは、これに従わなければなりません（同条4項）。監査の「主体」はあくまで委員会なのです。

個々の監査等委員は、取締役に不正、違法、著しく不当な事実があるときには取締役会に対する報告義務を負います（399条の4）。取締役会による監督機能の発揮を促すためです。また、いざというときは、個々の監査等委員は、保証金を差入れることなく差止め請求権を行使できます（399条の6）。「差止の仮処分」は緊急を要する場合に行われるので、監査等委員を選定している余裕はなく、委員が単独でできます。

なお、会社と取締役または取締役であった者とが訴訟を行うとき、監査等委員自身が当事者であるときは取締役会が定める取締役、それ以外のときは監査等委員会が選定する監査等委員が、会社を代表します（399条の7第1項）。

④監査等委員会の補助者

取締役会は、監査等委員会の「職務執行のため必要なもの」を定めなければなりません。必須決議事項です。具体的には、監査等委員会の職務を補助すべき取締役および従業員（**「補助者」**）に関する事項、補助者の独立性に関する事項、補助者に対する委員会の指示の実効性に関する事項です（会社規110条の4）。

監査等委員以外の取締役は、取締役会のガバナンス機能を高める観点から補助者に関する事項について慎重に検討し、決議に臨むべきです。監査等委員会は監査の必要があるときは、「会社の内部監査部門を起用すればよい」という考え方もあります。しかし、内部監査部門は経営トップ直属の組織系統であり、その経営トップを監査するのが監査等委員会ですから、起用することは困難です。監査等委員会と内部監査部門は、お互いに尊重し合ったうえでの「協働」にとどまります。

⑤監査等委員会と会計監査人

監査等委員会の職務の第2は、株主総会に提出する会計監査人の選任・解任・不再任に関する議案の内容を決定する権限です（399条の2第3項2号）。会計監査人の、執行組織からの独立性を守るためです。

会計監査人は職務執行に際して取締役に不正、法令定款違反行為を発見したときは監査等委員会に届け出る義務があります（397条1項）。監査等委員会が選定した監査等委員は会計監査人に監査に関する報告を求めることができます（397条2項、4項）。監査等委員会は、会計監査人に任務懈怠、ふさわしくない非行があるときは会計監査人を解任する権限を持っています（340条5項）。監査役（会）の場合と同様です。

⑥監査等委員会の「一定の監督機能」

●指名・報酬に関する意見陳述権

監査等委員会の第3の職務は、監査等委員以外の取締役の選任・解任・辞任、および報酬に関して監査等委員会の「意見」を決定することです（399条の2第3項3号）。また、決定した意見について選定監査等委員は株主総会で意見を「陳述」することができます（**「指名・報酬に関する意見陳述権」**。342条の2第4項、361条6項）。後述する3委員会型の会社の指名委員会、報酬委員会のように内容を決定することまではしませんが、監査等委員会としての意見陳述権を持つことで、執行組織に対する、相当程度の監督機能を果たすことができます。**「一定の監督機能」**とはそのような意味です。

●利益相反取引の承認権

監査等委員会は「利益相反取引」（第8章3節）についての「承認権」を持っています。監査等委員以外の取締役に関しては、会社と利害が相反する取引を行って会社に損害が生じたときは、取締役に「任務懈怠があったと推定する」という大変に厳しいルールがあります（423条3項）。しかし、監査等委員会がその取引について承認していたときは、推定規定は適用されません（同条4項）。これも監査等委員会の監督機能の一環です。

⑦監査等委員会の運営

監査等委員会は各監査等委員が招集します（399条の8）。会日の1週間前までに招集通知が必要ですが、全員の同意があれば省略できます（399条の9第1項、2項）。

監査等委員以外の取締役は、監査等委員会から要求があったときは監査等委員会に出席して、求められた事項について説明する義務があります（同3項）。監査等委員でない取締役としては、監査等委員会のガバナンス力を高めるためのヒアリングですから、積極的に説明すべきです。

監査等委員会の決議は、監査等委員の過半数が出席して、その過半数の賛成で行います（399条の10第1項）。取締役会と同様に「特別利害関係人」の制度があります（同2項、第6章参照）。また、議事録に異議をとどめないと賛成したものとみなされる点は取締役会の議事録と同様です（同5項）。3委員会型の会社の場合、取締役は委員会議事録を閲覧、謄写できますが、監査等委員会の議事録にはこうした制度はありません。監査等委員たちが委員以外の取締役に気兼ねなく自由に議論できるようにするためです。

⑧監査等委員の独立性、身分保障

監査等委員は、監査役と同様、その独立性を確保する制度が用意されています。監査等委員の選任議案について監査等委員会が、「同意権」を持つ点、監査等委員の選任議案について監査等委員会が「提案権」を持つ点（３４４条の２第１項、２項）、監査等委員の選任・解任・辞任について監査等委員が株主総会で意見を述べる権利を持つ点（３４２条の２第１項）、自分が監査等委員を辞任した場合に理由を述べる権利を持つ点（３４２条の２第２項）などです。

また、身分保障もされており、監査等委員以外の取締役の任期が1年「以下」であるのに対して、監査等委員の任期は2年で、短縮されません。さらに、監査等委員の解任は株主総会の「特別決議」でないとできません（３３９条1項、３０９条2項7号）。

監査等委員の報酬についても、監査等委員以外の取締役とは区別して、定款、または株主総会の決議で定めることになっています（３６１条2項）。

⑨監査等委員会型の会社の課題

監査等委員会型ガバナンスは、多くを望む制度だといえます。監査等委員会は、委員会単位ではありますが監査役と同様の監査活動を行い、加えて3委員会型の指名委員会、報酬委員会を志向するような指名・報酬に関する意見決定・意見陳述権を持ちます。十分な「意見決定」をするためには、監査等委員でない取締役の候補者と個別面談を行い、業界や他社の報酬体系を学ぶなどしなければなりません。会社は、こうした点を理解し、監査等委員会の活動を支える補助職の充実など、委員会が十分に活動できる体制を整える必要があります。そうしないと、「多くを望んで手立てを与えず」ということになります。

2 3委員会型の会社

(1) 3委員会型の会社の概要

①3委員会型の会社の基本的な仕組み

3委員会型の会社は、取締役会の決定機能を執行機関である執行役に大幅に委任することができ、その代わりに執行役をガバナンスするために、指名委員会・報酬委員会・監査委員会と3つの委員会が置かれる会社です。決定権限を委任された執行役は広範な裁量権

図表 4-2
3 委員会型の会社

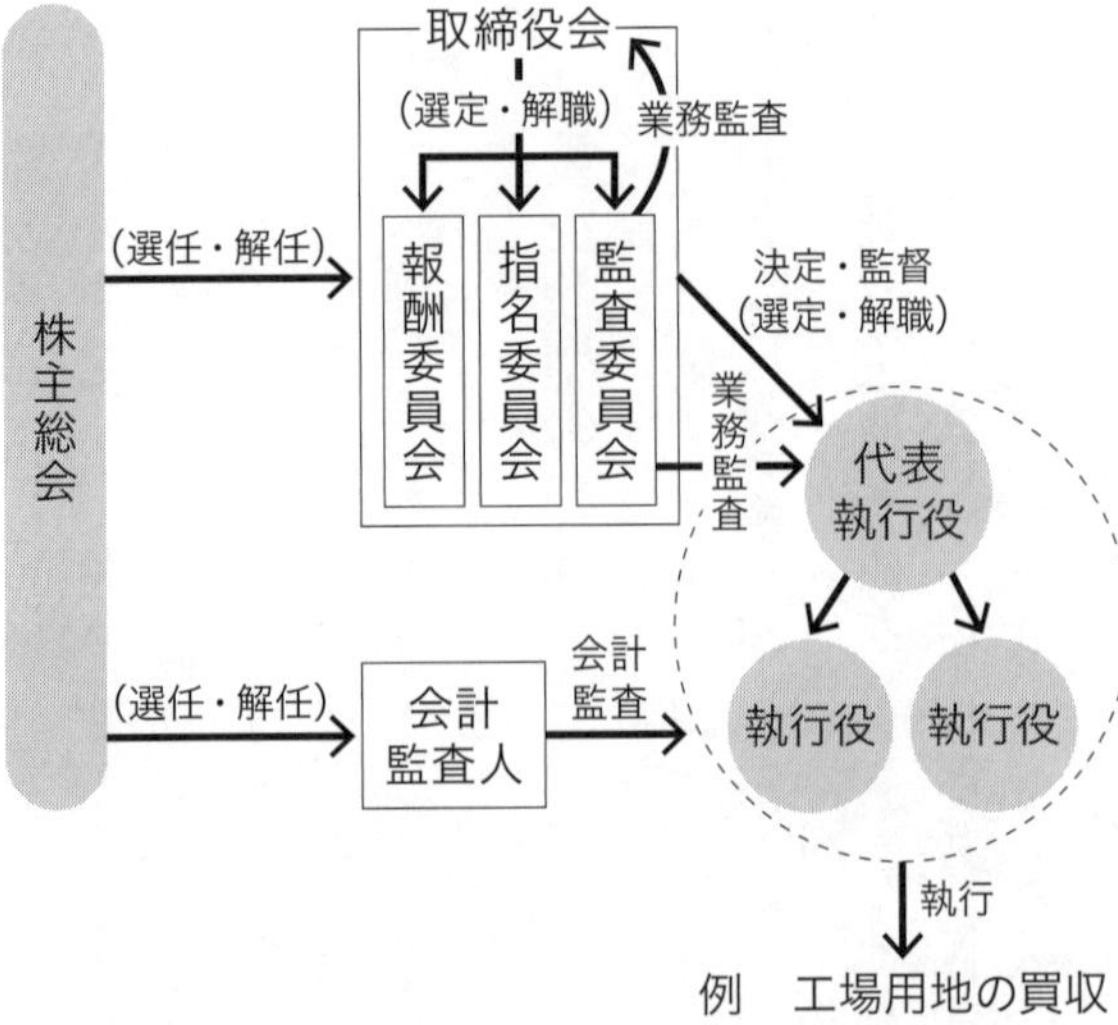

のもと、自身で決定しながらぐいぐいとビジネスを進めていくことができ、決定権限を委任した取締役会は、「より少なく、より良く活動する」をモットーに、量的には少ないけれども、質的に高いガバナンス活動を行うことが期待される制度です。

3委員会型の会社では、広い裁量権を持つ執行役に対するガバナンス力を強化するため、取締役会のなかに、社外取締役が過半数を占める「指名委員会」「監査委員会」「報酬委員会」の3つの委員会が置かれます。3

委員会型の会社では会計監査人を置くことが義務付けられているのもガバナンス強化策の1つです（ルール9。327条5項）。

②ガバナンス力を高める工夫

3委員会型の会社ではガバナンス力を高める「工夫」として、さらに、取締役の使用人兼務の禁止（331条4項）、取締役の任期を1年とする（332条6項）、取締役が執行機能を担うことの禁止（415条）などの規定が設けられています。

③執行役が取締役を兼任できる点

他方、執行役が取締役を兼任することは認められています（402条6項）。「そうしないと現場の情報が取締役会に入ってこないから」と説明されています。確かにそうした面はありますが、兼任は必要最小限に抑えておかないと、「代表執行役→執行役」という執行組織のピラミッド型の雰囲気が取締役会に持ち込まれ、代表執行役に対するガバナンスに懸念が生じてきます

④3委員会型の会社の取締役の職務

以上から3委員会型の会社の取締役の基本的な任務は、ボードの一員として取締役会の決定・監督機能を支える業務です。さらに、いずれかの委員会のメンバーとなり、執行役に対するガバナンス機能を担う場合もあります。

(2) 3委員会型の会社の取締役会

①必須決議事項

3委員会型は取締役会の権限を執行機関に大幅に委任することを予定しているガバナンスタイプですが、5つの事項は必ず取締役会で決めなければなりません(「**必須決議事項**」、416条1項、2項)。

5つの事項とは、ⓐ経営の基本方針、ⓑ監査委員会の職務の執行のために必要な事項、ⓒ執行役が複数いる場合の職務分掌、指揮命令など相互の関係、ⓓ執行役が取締役会の招集を求める場合、その招集請求を受ける取締役、ⓔ執行役の行為が法令・定款に適合することなど、会社とグループ会社の、業務の適正を確保するための体制(「**内部統制システム**」)に関する事項です。

このうちⓐⓑⓔは、監査等委員会型の会社について述べたところに準じます。ⓒは執行役たちが構成するピラミッド型組織の運営ルールに関するものです。

②専決事項

取締役会は重要な業務執行の決定を執行役に委任することができますが、例外的に委任は許されず、決めるのであれば取締役会で決めなければならない事項が列挙されています（「**専決事項**」、416条4項ただし書1～24号）。

いずれも、監査等委員会型の会社の場合と同様、ガバナンス上重要か、株主にとって重要な事項で、具体的には次のとおりです。

◎譲渡制限株式または譲渡制限新株予約権の譲渡承認、◎市場取引による自己株式の買受を取締役会でできると定款で定めているときの買受決定、◎株主総会招集に関する事柄、◎株主総会に提出する議案の内容の決定、◎会社と取締役の利益が相反するときの社外取締役に対する業務執行の委託（第3章6節（5））、◎競業・利益相反取引の承認、◎取締役会を招集する取締役の決定、◎3つの委員会の委員の選定・解職、◎執行役の選任・解任、

◎会社と取締役、執行役との間の訴訟における会社を代表する者の決定、◎代表執行役の選定・解職、◎定款の定めによる取締役、会計参与らの責任の免除、◎取締役・会計参与・会計監査人に対する「補償契約」の内容に関する決定（第10章）、◎D&O保険の内容の決定（第10章）、◎計算書類の承認、◎中間配当に関する件、◎事業譲渡・合併・会社分割、◎株式の交換契約の内容、◎株式の移転計画の内容、◎株式の交付計画の内容

3委員会型の会社では、業務執行に関する事柄であって、必須決議事項でもなく、専決事項でもない事項であれば、取締役会の決議によって執行役に委任することができます（同項本文）。執行役への委任の範囲については、取締役会のガバナンス機能を維持する範囲と執行役の効率性をどこまで高めるかの兼ね合いを考えて取締役会が慎重に検討すべきです。

③剰余金の配当

3委員会型の会社でも定款に定めを置くことにより取締役会決議をもって剰余金の配当を行うことができるとする「剰余金配当の特則」が適用されます（459条1項、2項）。

④取締役会の監督機能

取締役会は取締役、執行役、会計参与（置かれているとき）に対する「監督機能」を担います（416条1項2号）。取締役会は、代表執行役に対する「選定権・解職権」（420条1項、2項）、執行役に対する「選任権・解任権」（402条2項、403条1項）を専決事項として持っており、これらの権限を背景として、代表執行役、執行役を監督します。また、取締役会は、取締役や会計参与に不適切な行為があれば是正を求める決議を行って対応することができます。

⑤社外取締役に対する業務執行の委託

先に述べたように、会社と執行役の利益が相反するときは、社外取締役に業務の執行を委託することができます（348条の2第2項）。

（3）各委員会の組織と運営

①3委員会に共通する法の定め

各委員会は取締役会で「選定」された取締役3名以上で組織され、委員の過半数は「社外取締役」でなければなりません（400条3項）。特に、監査委員になる取締役は、会社・子会社の執行役、業務執行取締役、子会社の会計参与、支配人その他の使用人（従業員）を兼ねることはできません（400条4項）。監査の独立性に疑問が生じるからです。

取締役会はいつでも委員を「解職」することができます（401条1項）。委員に対する取締役会の監督機能を担保するためです。委員が員数割れとなるときは、任期満了または辞任で退任した委員は、後任が選定されるまで、なお委員としての権利義務を有することになっています（401条2項）。必要があるときは利害関係人の申し立てにより、裁判所が委員の一時職務代行者を選任することができます（401条3項）。

②委員の兼任

委員の兼任は特に禁止されていません。しかし、本当にガバナンスを向上させるためには、兼任はなるべく避けることが理想です。指名実務、報酬実務、監査実務は、それぞれに専念して検討、執務するに値するだけの内容があります。

③各委員会の運営

各委員会の招集はそれぞれの委員が行い（410条）、その決議は過半数の出席、過半数の賛成で行われます（412条1項）。「特別利害関係人」の制度があり、審議内容と利害を有する委員は議決に加われません（412条2項）。決議に参加して議事録に異議をとどめない委員は、その決議に賛成したものと推定（第6章11節）されます（412条5項）。従って、反対したことを証明しない限り、賛成した責任を負うことになりますので注意が必要です。

審議の経過は議事録として収められ（412条3項）、取締役はこれを閲覧、謄写することができます（413条2項）。各委員会のメンバーでない取締役が、執行役、取締役、会計参与を監督するためには、指名・報酬・監査に関する議事録閲覧・謄写権が有効な手段になります。

各委員会が選定する委員は、委員会の職務執行状況を取締役会に報告する義務があります（417条3項）。

(4) 指名委員会

指名委員会は、株主総会に提出する取締役の選任・解任についての議案を決定するのが任務です（404条1項)。会計参与を置く場合も同様です。取締役会は指名委員会の決定を変えることはできません。多くの企業不祥事が相次いだ原因の一つには、経営トップが自分にとって好ましい人物を取締役に推薦し、好ましくない人物は排除してきたことがあると考えられます。そうした状況を防ぐのが指名委員会の任務です。株主は、委員会が候補者の面談を行うなどして公平な立場から適正に取締役の選任・解任の議案を決定することを期待しています。

(5) 監査委員会

①監査等委員の職務

監査委員会は、①取締役、執行役、会計参与（置かれている場合）の職務執行の監査と、監査報告の作成、②株主総会に提出する会計監査人の選任、解任、再任しないことの議案内容を決めることが任務です（404条2項)。監査役とは異なり監査委員会は「委員会単位」で権限を行使します。監査委員会の委員は、会社または子会社の、執行役、業務執行取締役、子会社の会計参与、従業員を兼ねることはできません（400条4項）。執行組織からの独立性を確保するためです。

監査権限を実行する際は、委員会の選定を受けた監査委員（**選定監査委員**）が、執行役や使用人に対して報告を求め、調査を行うことができ、必要なときは子会社に対する調査も行うことができます（405条1項、2項）。その場合、報告の徴収や調査に関する事項について監査委員会の決議があるときは、選定監査委員は決議に従う義務を負います（405条4項）。監査の主体は委員会だからです。

②監査に関する事項

取締役会の必須決議事項として「監査委員会の職務の執行のために必要な事項」があります。具体的には、監査委員会の補助業務を行うべき取締役や従業員に関する事柄、取締役・執行役・会計参与・従業員らが監査委員会に報告をするための体制などを決めることになっています（会社規112条1項）。ガバナンス充実の理想を実現できる体制を整備すべきです。会社の内部監査部門を起用すればよいという意見もありますが、内部監査部門は代表執行役直属ですから、できても協働にとどまります。

各監査委員は、取締役または執行役に不正、違法、著しく不当な事実があるときは取締役会に対して報告する義務があります（406条）。さらに、いざというときには各監査委員は、保証金を差入れることなく、執行役に対する「差止の仮処分」の請求をすることができます（407条）。

③常勤監査委員、会社と取締役・執行役の訴訟の代表

常勤の監査委員を置くことは法律上、義務付けられていません。しかし、ガバナンス力を十分に保つためには常勤監査委員を置くべきです。

会社と執行役、取締役間で訴訟が起きるときは、監査委員が当事者であるときは取締役会が定める者が会社を代表しますが、当事者でなければ監査委員が会社を代表します（408条）。

④監査委員会と会計監査人

会計監査人は職務執行に際して執行役・取締役に不正、法令定款違反行為を発見したと

きは監査委員会に届け出る義務があります。監査委員会が選定した監査委員は会計監査人に監査に関する報告を求めることができます（397条1項、2項、5項）。監査委員会が会計監査人を解任する権限を持っていることは監査役（会）の場合と同様です（340条6項）。

(6) 報酬委員会

報酬委員会の任務は、取締役、執行役、会計参与の個人別報酬の内容に関する決定方針を定め（409条1項）、決定方針に従って個人別報酬を定めることです（404条3項、409条2項）。執行役が使用人を兼務しているときは、その使用人分の給与まで決定します（404条3項）。給与を決めるのは業務執行の一環ですから執行役が決めるとしてもよさそうですが、そうすると執行役に対するガバナンスが骨抜きになるおそれが出てきます。そこで報酬委員会の権限としたのです。報酬に関する事柄については、第9章をご覧ください。

（7）執行役

①執行役

3委員会型の会社には、1名または2名以上の「**執行役**」を置く必要があります（402条1項）。取締役と同じ資格要件があります。執行役は取締役会の決議で選任され、また取締役会の決議でいつでも解任することができます（402条2項、403条1項）。執行役の員数が欠けた場合については委員の員数が欠けた場合と同様の規定があります（403条3項）。任期は選任後1年です（402条7項）。なお、「執行役は株主に限る」という定款条項を定めることは許されません（402条5項）。

②執行役の義務と権限

会社と執行役との関係は「委任契約」です（402条3項）。従って執行役は善管注意義務を負います。また、忠実義務も負っています（419条2項。第8章）。執行役は3カ月に1回以上、職務の執行状況を取締役会に報告する義務があります（417条4項）。執行役は取締役会の要求があったときは取締役会に出席して求められた事項を説明する義務があります（同条5項）。

執行役の職務権限は、取締役会から委任された事柄について自分の裁量で決定しながら、実行に移していく権限です。たとえば、「生産工場の建設」という概括的な権限を委任されていれば、必要なときは、みずから「工場用地買収の件」を決定し、ふさわしい土地を探し、売買契約の交渉を行います。

（8）代表執行役

取締役会は執行役のなかから、会社を代表する執行役、**「代表執行役」**を選定します。また、代表執行役は取締役会の決議でいつでも解職することができます（420条1項、2項）。

「代表」とは、「会社の業務に関する一切の裁判上または裁判外の行為をする権限」です（420条3項、349条4項）。会社を代表して契約の締結など、法律行為を行う権限をいいます。たとえば、「工場用地買収の件」が具体的に定まったときに、会社の代表者として契約書に記名押印することが代表行為です。

代表執行役、執行役とも広範な裁量権を持ち、機動的にビジネスを進めていくわけですが、代表執行役自身の立場から見て懸念されることがあります。それは監査役型の会社と違って取締役会決議にかけないでビジネスを進めていく場合が多いため、決定のプロセスが記録されない可能性があることです。会社や株主から責任追及されるリスクを考えると、自分の決断が正当であり、適正なプロセスを経て行っている記録を、節目ごとに残しておくことが必要です。

3 ボードなき会社(取締役会非設置会社)

(1)ボードなき会社の概要

「ボードなき会社」は株式会社のなかで最もシンプルなタイプで、基本的には「株主総会」と1人または2人以上の「取締役」とだけで構成されます。非公開会社でなければなりません(ルール3、327条1項)。非大会社であれば会計監査人を置く必要もありません。

ボードなき会社は、小規模事業を進める場合や、子会社を完全なコントロール下に置い

図表 4-3
ボードなき会社

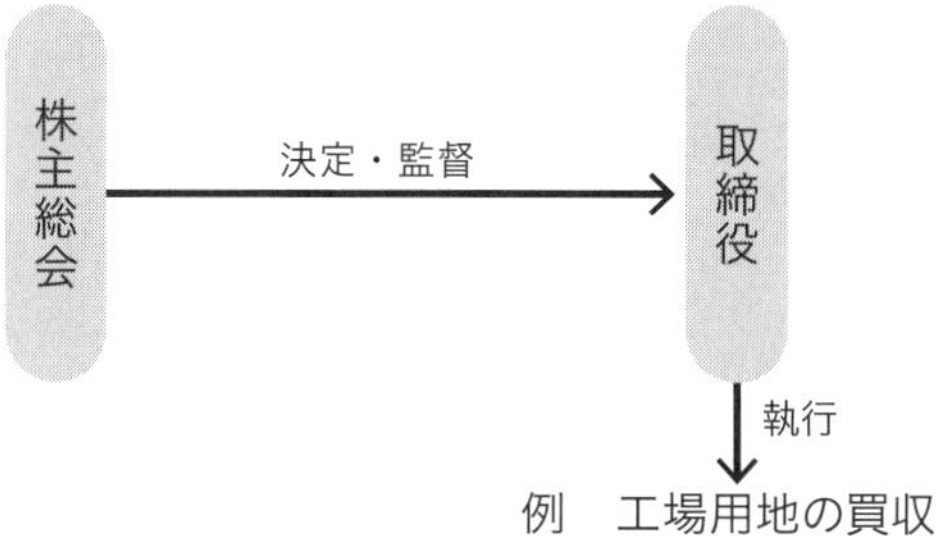

て「グループ経営」を展開する場合に適しています。また、A社とB社とで共同出資し、両社が一人ずつ取締役を派遣するような提携事業の運営にも活用することが考えられます。

(2) 株主と株主総会

ボードなき会社の株主総会は会社法に定める事項、および会社の組織。運営、管理その他会社に関する一切の事項について決議する権限を持っています（295条1項）。株主総会は「万能の機関」であり、株主による直接ガバナンスのタイプだといえます。法定の決議事項としては、株式の譲渡承認（139条1項）、取締役の競業・利益相反取引の承認（356条1項）などがあります。

株主が取締役を監督する手段としては、定款で取締役の権限を規定しておく方法と、総会決議で業務上の指示を決定する方法とがあります。また、株主は取締役の違法行為差止め権を持っています（360条2項）。取締役の万一の暴走に備える手段です。

(3) 取締役の権限と義務

ボードなき会社の取締役は執行機関であり、代表権を持っています。取締役が複数いる場合でも各自が代表権を持ちます。取締役の決定権限については株主総会が定款で定めることができます。定款に定めのない事項については、取締役が複数であるときは、業務に関する事項は取締役の過半数で決定する必要があります（348条2項）。決めるのであれば、取締役が合議して決めなければならない事項として、①支配人の選任、解任、②支店の設置、移転、廃止、③株主総会の招集に関する事項、④内部統制システムに関する事項、⑤取締役の責任の免除に関する事柄が挙げられています（取締役の専決事項。348条3項）。

取締役は会社に著しい損害を及ぼすおそれのある事項を発見したときは直ちに「株主」に報告する義務を負っています（357条1項）。

第5章

取締役の資格・任期と選任・解任

1 取締役の資格制限

(1) 法人

取締役の選任については厳しい資格制限が設けられています。株式会社では株主は有限責任であり、取締役・監査役・執行役・会計参与・会計監査人も例外的に「対第三者責任」を負う場合は別として外部者に対して責任を負いません。従って、取締役には厳格な資格制限が必要とされるのです。

「法人」は取締役になれません（331条1項1号）。「取締役」とは株主が特定の、生身の人の能力や人柄を信頼して選任するものだからです。

(2) 法律違反で刑に処せられるなどしてから2年を経過しない人

会社法、一般社団財団法に反し、または金融商品取引法・民事再生法・外国倒産処理手続きの承認援助に関する法律・会社更生法・破産法に規定されている特定の罪を犯して刑に処せられ、刑の執行が終わった日、または刑の執行を受けることがなくなった日（刑の時効完成の日）から2年を経過しない人は、取締役になれません（331条1項3号）。執行猶予付きの判決を受けた人が、その取り消しを受けることなく無事に猶予期間を満了したときは、「刑の言い渡しは、効力を失う」（刑法27条）とされているので、そのときに資格を回復します。

（3）その他の罪による禁錮以上の刑の執行終了前の人

先に挙げた罪以外の罪によって禁錮以上の刑に処せられ、その執行がまだ終わっていない人、または、その執行を受けることがなくなるまでの人は、取締役になる資格がありません。ただし、執行猶予中の人は資格があります（331条1項4号）。（2）に挙げられた罪よりは、資格回復の時期は早く定められています。

（4）成年後見・保佐を受けている人

成年後見を受けている人（成年被後見人）が取締役に就任する際は、成年後見人が本人の同意を得て就任承諾を行います（331条の2第1項）。また、保佐を受けている人

（被保佐人）が取締役に就任するためには保佐人の同意が必要です（同2項）。なお、未成年者であることは**「欠格事由」**（求められる資格を満たさないこと）になっていないので、法定代理人の同意があれば取締役に就任できます（民法5条1項）。

2　定款による取締役の資格制限

「公開会社」は定款で「取締役は株主でなければならない」と規定することは禁止されています（331条2項）。公開会社では株主が流動的になるので、広く人材を求めてボードを充実させるべきだという趣旨です。他方、「合理的な範囲」でなら定款で取締役の資格を限定することは許されます。

「取締役、監査役は日本国籍を有する者に限る」とする上場企業の定款の条項について「会社自治の原則の範囲内」であり有効だとした古い判例があります（名古屋地裁、1971年4月30日判決）。現代はジェンダーや国際性の面から多様性が求められる時代です（CGコード原則4－11）。合理的な範囲も狭く解されると思います。

3 兼任の規制

(1) 取締役と監査役

取締役は、監査役または親会社の監査役を兼任することはできません（335条2項）。監査される側の人が監査する側の役職を兼任できないのは当然です。また、取締役は会計参与、親会社の会計参与を兼任することもできません（333条3項1号）。

(2) 取締役と従業員

①監査役型の会社の取締役と監査等委員でない取締役

監査役型の会社の取締役や監査等委員会型の会社の監査等委員以外の取締役は、従業員（使用人）を兼務することができます。**「使用人兼務取締役」**です。実際上、「取締役営業部長」「取締役工場長」など、取締役が従業員を兼ねている多くの実例があります。

②監査等委員会型の会社の監査等委員

これに対して、監査等委員会型の会社の監査等委員である取締役は、会社・子会社の業務執行取締役、従業員、子会社の会計参与、執行役を兼務することはできません（331条3項）。株主は監査等委員に対して監査機能と一定の監督機能を期待しているからです。

③3委員会型の会社の取締役

3委員会型の会社の取締役は、従業員を兼務することはできません（331条4項）。3委員会型の会社の取締役は決定・監督機能を期待されており、監督される執行組織の一員である従業員を兼務することは本質的に相容れません。ところが、取締役が執行役を兼任することは許されています（402条6項）。執行役が従業員を兼務することは禁じられていません。その結果、「執行役」の立場で従業員を兼任することも可能になります。

結局、一人の人が「取締役」「執行役」「従業員」を兼ねることがありうるわけです。それで監督と執行を分けられるのか疑問です。取締役と執行役の兼務は、取締役会で「情報を共有できる」という目的の範囲内に限るべきです。

(3) 競争会社の取締役・執行役など

取締役・執行役・従業員は、競争関係にある他社の取締役や執行役を兼任することにより、一定の取引分野における競争を実質的に制限する効果が出てくる場合は、兼任を禁止されます（独占禁止法13条1項）。ある地域の電鉄会社がその地域のバス会社の株式を取得し、電鉄会社の取締役らがバス会社の取締役・監査役を兼任していたことがこの規制に違反するとして、排除措置として兼任役員全員が辞任を命じられた例があります（「電鉄会社事件」公正取引委員会、1973年7月17日同意審決）。

4 取締役の員数

(1) 取締役会設置会社とボードなき会社

取締役会設置会社では、取締役の員数は「3名以上」とされています（331条5項）。取締役会は3名以上で知恵を出し合って運営するようにとの趣旨です。多くの会社は取締役の員数として、定款で下限や上限を定めています。「ボードなき会社」（取締役会非設置会社）では取締役は1名、または2名以上いれば足ります（326条1項）。

（2）欠員が生じたとき

取締役が欠けて上記の最低3名または定款で定めた員数を割り込むことがあります。その場合、任期満了、辞任で退任した取締役は、後任の取締役が選任され就任するまでは、引き続き取締役としての権利義務を有するものとされています（「**権利義務取締役**」、346条1項）。株主総会を開いて後任取締役を決めるのには時間がかかるからです。しかし、退任した取締役は後任が就任するまで「取締役」のままでいるのですから、気の毒です。そこで、欠員が生じた場合、利害関係者が申し立て、裁判所に後任の取締役が就任するまでの間、一時、取締役の職務を行う者を選任してもらう制度があります（「**一時取締役**」、346条2項）。

5　取締役の任期

(1) 監査役型の会社では2年

監査役型の会社では、取締役の任期は2年です。厳密には、「選任後2年以内に終了する事業年度のうち最終のものに関する定時株主総会の終結の時まで」と規定されています（332条1項）。以下では任期を単純に「＊年」と表現しますが、厳密には同様の趣旨です。

定款または株主総会の決議で任期を短縮することはできます（332条1項ただし書）。取締役に対する株主の信任状況をこまめに確認するのは「ガバナンス充実」の理想に合致するからです。実際、定款で取締役の任期を1年とする企業が増えています。

(2) 監査等委員以外の取締役は1年

監査等委員会型の会社では、監査等委員以外の取締役の任期は1年です（332条3

項）。ガバナンス充実のためです。これに対して監査等委員の任期は2年であり、短縮は認められません（332条4項）。監査等委員の身分を保障して監査機能と一定の監督機能を確保するためです。

(3) 3委員会型の会社は1年

3委員会型の会社では、取締役の任期は1年です（332条6項）。ガバナンス充実のためです。

(4) 非公開で、監査等委員会型でも3委員会型でもない会社は10年に延長可

非公開で、かつ監査等委員会型でも3委員会型でもない会社は、取締役の任期を10年まで延長することができます（332条2項）。非公開会社は株主の変動が予定されないファミリー的な会社が想定されますから、こまめに株主の信任を確認するまでもないということです。便利ではありますが、10年経過後に役員変更の手続きと登記を忘れてはいけません。

6 取締役の選任

(1) 株主総会による選任

取締役は原則として株主総会の普通決議で選任されます(329条1項)。「普通決議」とは議決権を行使することができる株主の議決権の過半数を有する株主が出席し(「定足数」)、その過半数の賛成で(「可決要件」)成立する決議のことです(309条1項)。普通決議については定款で定足数を排除することができるのですが、取締役(会計参与、監査役も)の選任については定足数を3分の1未満にすることはできません(341条)。ガバナンス上の取締役の重要性を考慮した規定です。

取締役選任は株主総会の「専決事項」です。会社のオーナーである株主が経営を委ねる人材を選ぶ手続きだからです。「取締役の選任等は県知事の承諾を経ること」という定款の規程は「専属決定事項」の原則に反し、無効だとされた事例があります(東京高裁、1949年10月31日決定)。監査等委員会型の会社では、監査等委員である取締役と委員でない取締役とは区別して選任しなければなりません（329条2項）。

(2) 補欠取締役

取締役が員数割れになったり、欠けたりする場合に備えてあらかじめ「補欠取締役」を選任しておくことができます（329条3項）。「一時取締役」を選任する事務負担を回避するためです。

(3)「累積投票制度」について

会社法上は「**累積投票**」といって、定款に別の定めがない限り、一種の「比例代表制」を取れることになっています（342条）。複数の取締役を選任する場合、株主の請求により、各株主は取締役候補者の数だけ議決権を持つこととして、議決権を一人の候補者に集中して投票することも、分散して投票することもできる方法を取ることができる制度です。「株主主権」の理想からすると望ましい制度かもしれません。

しかし、企業経営は迅速な行動が必要です。株主間の意見対立をそのまま取締役会のなかに持ち込むと、ビジネスチャンスを失う事態になりかねません。そこで「定款に別段の定めがあるとき」は累積投票を排除できるとされており（同条1項）、実際上、ほとんどの会社が定款で累積投票を排除しています。

7 取締役の終任

(1) 辞任

取締役はいつでも辞任することができます（辞任の自由）。辞任する理由は問われません。会社と取締役は「委任関係」であり、委任の世界には「相互解除の自由」という原則があるからです（民法651条1項）。ただし、会社側にとって不利な時期に辞任すると、病気などやむをえない理由がない限り、会社に損害賠償をしなければなりません（同条2項）。

辞任の意思を表明する方法は、法律上は口頭でもよいのですが、明確にするためには「辞任届」として書面にして提出すべきです。理由は問われないのですから、「私は貴社取締役を辞任いたします」とだけ書けば足ります。

辞任届けの提出先は会社側として受領権限のある人、つまりは代表取締役です。自分自身が代表取締役であり、ほかに代表取締役がいないときは受領する人がいません。その場合は取締役会を招集してその場で辞任の表明をすることとされています（東京高裁、1984年11月13日判決）。

辞任届けの受領を会社側が拒むことが予測されるときは、辞任届けを内容証明郵便で会社に郵送するのが実際的です。

(2) 任期満了

取締役は任期が満了したとき、再任されない限り、退任することになります。

(3) 委任契約の終了

取締役が死亡したとき、破産手続きの開始決定、または後見開始の審判を受けたとき、取締役は退任となります。これらの事由が生じたときは委任契約が終了するという民法上の原則があるからです（民法653条）。

委任契約は「委任者または受任者の」破産手続きの開始決定で終了するとされているの

で、委任者である会社が破産したときも委任終了となり、取締役は退任となるのが原則です（最高裁、1968年3月15日判決）。しかし、会社が破産したとしても破産財団とは無関係の事務もあり、その処理に必要な限りでは取締役の地位は存続するとされています（最高裁、2009年4月17日判決）。

(4) 会社の解散

株主総会で解散を決議するなど、一定の事由によって会社が「解散」（清算を始めること）という状態になったとき（471条）、取締役は退任となります（478条1項）。

(5) 欠格事由に該当したとき

1節で述べた取締役の「欠格事由」に該当したとき、取締役の地位は失われます。

(6) 資格喪失

また、定款で特に取締役の資格が定められている場合で、その資格を喪失したときも取締役の地位は失われます。たとえば、「取締役は日本国籍を有する者に限る」と定款で規定されているときに日本国籍を失ったようなケースです。

(7) 解任決議

①解任決議も普通決議

会社は、株主総会の普通決議によって、いつでも取締役を解任することができます。定款をもってしても定足数を3分の1未満にできないのは選任の時と同じです(339条1項)。解任の理由は問いません。委任契約には「相互解除の自由」があるからです。

②正当な理由がない場合の損害賠償

正当な理由がないのに解任された取締役は、会社に対して損害賠償を求めることができます(339条2項)。実例として、代表取締役が、持病が悪化したので持ち株もすべて他の取締役に譲渡し、代表の地位も譲り、治療に専念していたところ、解任された事案で、当該元代表取締役が「正当な理由なし」として訴えたケースがあります。裁判所は解任について正当な理由がないとは言えないとしています(最高裁、1982年1月21日判決)。

（8）解任訴訟

取締役に「不正行為、または法令・定款に違反する重大な事実」があるのに、株主総会が取締役の解任議案を「否決」してしまった場合、公開会社では、議決権の3％以上を6カ月前から保有している株主は、否決された時から30日以内に、その取締役に対する「解任訴訟」を提起することができます（854条1項）。非公開会社では「6カ月要件」は求められません（同条2項）。

この裁判は会社と対象となる取締役の、両方を被告にするものとされています（855条）。解任を認める判決が「確定」（通常の不服申立では争えなくなったこと）したときは、対象となった取締役に対する解任の効力が発生します。

取締役の解任は本来、株主総会の専決事項です。従って解任訴訟が認められる場合とは、株主主権の原則に例外を認めるべきと判断されるほど「重大な」不正、法令定款違反がある場合です。

8 取締役に対する「職務執行停止命令」と「職務代行者」

ある取締役について、会社運営に参加させておくには重大な問題があると考えられる場合、株主、他の取締役、監査役らは、裁判所に申請をして、その取締役に対する「職務執行停止命令」や、停止期間中の「職務代行者を定める命令」を出してもらうことができます（民事保全法56条参照）。職務代行者の権限は会社の日常業務に限られ、それ以上の行為をするには裁判所の許可が必要です（３５２条１項）。

9 種類株主総会による取締役の選任・解任

公開会社、３委員会型の会社以外の株式会社は、その「種類株式」（普通株式とは権利内容が異なる株式）の株主で構成される「種類株主総会」で、その種類の株主の意向を受ける取締役を、選任・解任できます（１０８条１項９号、３４７条）。

第6章

取締役会の運営方法と取締役

1 取締役会への出席義務

取締役会には取締役本人が出席する義務を負っています。取締役は一人ひとりが株主総会で「経営を任せられる人」として選任されたのです。代理人出席は認められません。株主は、自分たちが選任した取締役らが〝一堂に会して〟充実した議論を行い、企業価値を維持・向上させる適正な結論を出してくれることを期待しています。従って、議事録を巡回させて署名または記名押印を集める**「持ち回り決議」**は認められません。これと9節に述べる「書面決議」とは異なります。

以下では監査役型の会社の取締役会運営についてまず説明し、監査等委員会型、3委員会型の会社については必要な点を説明します。

2 取締役会の招集権者

(1) 招集権者の定め

取締役会は原則として各取締役が招集することができますが、定款または取締役会決議で「招集する取締役」(「**招集権者**」)を定めることもできます(366条1項ただし書)。多くの会社は「取締役会規程」などで、経営トップなどから順位を定めて招集権者を決めています。

(2) 招集権者以外の取締役による招集

招集権者以外の取締役も、「**事前手続き**」を踏めば、取締役会を招集できます。事前に招集権者に対して会議の目的(議題)を示して取締役会を招集するよう請求し、請求から5日以内に、「請求から2週間以内の日を開催日とする取締役会」が招集されないときは、請求した取締役が自ら招集できます(「**非招集権者による招集**」、366条2項、3

項）。たとえば、社長の放漫経営にリスクを感じた取締役がこれを阻止するために取締役会の開催を求めたところ、招集権を持つ当の社長が無視して取締役会を開こうとしない、といった非常事態に備えた制度です。監査役も同様に事前手続きを経れば、取締役会の招集ができます（383条2項、3項）。

監査等委員会型と3委員会型の会社では、招集権者の定めがあるときでも、監査等委員会が選定する監査等委員、3つの委員会がそれぞれ選定する委員は、事前手続きを経ることなく、自ら取締役会の招集ができます（399条の14、417条1項）。両タイプの会社は取締役会の権限を大幅に代表取締役、執行役に委任できるため、取締役会のガバナンス機能を維持するためです。なお、執行役も先に述べたと同様の「事前手続き」を踏めば取締役会を招集できます（417条2項）。

3 招集手続き

取締役会を招集するときは、会日の1週間前までに各取締役、各監査役、会計参与（置かれているとき）に招集通知を出さなければなりません。通知の期間不足や通知漏れがあると「取締役会決議無効」の問題が生じます。「1週間前までに」は定款で短縮することができ（368条1項）、多くの会社が「3日前までに」などと短縮しています。

取締役会では「招集通知」に記載されていない事柄でも審議、決議できます。取締役会はおよそ会社の運営に関するあらゆる事柄を審議する合議体だからです。実例として、通知書には「代表取締役社長解任の件」とは記載されていなかったけれども、代表・社長の解職・解任を決議したことについて、裁判所が「記載していないことについて決議することを禁止するものではない」という理由で有効とした判例があります（名古屋高裁、2000年1月19日判決）。

取締役、監査役、会計参与（置かれているとき）の全員が同意しているときは、招集手続きを省略して取締役会を開催することができます（368条2項、376条3項）。

4 会計参与型の会社の「株主」による招集

「会計参与型の会社」（非大会社・非公開・取締役会あり・監査役なし・会計参与あり）の株主は、取締役に法令・定款違反の行為やそのおそれがあるときに、先の「非招集権者による招集」と同様の手続きで取締役会の開催を求めることができ、招集された取締役会に出席して意見を述べる権利があります（３６７条）。監査役が置かれていないことを考慮して株主が直接にガバナンス機能を発揮できるようにしたもので、「株主主権」の表れです。

5 開催の頻度

取締役会は最低限、３カ月に１回は開催する必要があります。監査役型の会社や監査等委員会型の会社の代表取締役・業務執行取締役、３委員会型の会社の執行役などは、３カ月に１回以上は取締役会に職務の遂行状況を報告しなければならないからです（３６３条２項、４１７条４項）。株主からすれば１カ月に１回は開催してほしいところです。

6 議事の進行

(1) 議長

取締役会の手続きは「議長」の司会で進められます。審議にどの程度の時間をかけるか、意見や動議をどのように取り上げるかは、議長の裁量権の適正な行使に委ねられます。そうした議長の職責の重要性を考慮して多くの会社は取締役会規程などで、「取締役会の議長は取締役社長が当たる。社長に事故あるときは取締役会の決議により予め定められた順位により他の取締役が当たる」というように議長の担当者を決めています。

(2) 審議事項と報告事項

取締役会は、決議を要する「審議事項」と、執行担当者からの報告を聞く「報告事項」とに分けて行われます。取締役は、「審議事項」について善管注意義務に従って慎重に判断したうえで賛成、反対を表明する必要があります。その際、判断の羅針盤となるのが

「経営判断原則」です（第7章9節）。「棄権」は原則としてすべきではありません。「事柄を決めてほしい」という株主の期待に応えるべきです。また、棄権したいと感じるときは審議不十分であることが大半です。必要なら情報をさらに集め、討論を尽くすなどして、賛否を決することが望まれます。

「報告事項」といっても、聞いておけばよいというわけにはいきません。報告の中には放置しておくと会社にリスクが生じるなど、取締役会として速やかに対処すべき情報が含まれていることが多々あります。取締役としては、善管注意義務を尽くして「報告事項」を聞くべきです。

7 決議方法

取締役会の決議は、「議決に参加できる取締役」の過半数が出席して（定足数）、その過半数の賛成（可決要件）で成立します（369条1項）。定足数・可決要件とも定款で重くすることはできますが、軽くすることはできません。「株主主権」を尊重するためです。「可否同数の場合は議長の決するところとする」という取締役会規程は無効です（大阪地裁、1953年6月19日判決）。可否同数は「過半数」ではないのに可決されることになり、可決要件を緩和するからです。

決議方法は、発声、挙手、記名投票など、適宜の方法で行います。「無記名投票」は許されないと考えます。取締役は一人ひとりが「個人」として株主から信任を受けているからです。また、取締役会が決定した事柄が原因となって会社に損害が生じたとき、無記名投票では、株主はどの取締役に対して判断責任を追及してよいか、わかりません。

8 特別利害関係人

取締役は、取締役会の議題と個人的に特別な利害関係があるときは議決に参加できません。**「特別利害関係人」**の制度です（369条2項）。議題と個人的な利害があると、「経営のプロ」といえども自分の利害に流されて株主の期待に応えられなくなる危険性があるからです。この制度は「自分の利益より会社の利益を優先させるべし」という、取締役の**「忠実義務」**（第8章）の表れとして理解できます。特別利害関係のある取締役は「議決に参加できない」のですから、その議題については出席権がないことになり、定足数にも算入されません。特別利害関係人に該当する取締役は、求められれば取締役会の場から退席する必要があります。出席権がない以上、取締役会の「議長」を務めることはできません（東京地裁、1995年9月20日判決）。

判例では、代表取締役の解職決議においては、当の代表取締役は特別利害関係人に該当するとされています（最高裁、1969年3月28日判決）。従って、取締役会の場で「代表取締役解任」の動議が出されたら、当該取締役が議長を務めていたときは議長を交代しなければなりません。他方、代表取締役を選定する決議において候補者取締役は特別利害関係人には当たらないと解されています。会社と取締役の間の取引（利益相反取引。第8章3節）の承認決議における当の取締役も特別利害関係人に該当します（前掲、東京地裁、1995年9月20日判決）。取締役が会社と競業（第8章2節）を行う場合の承認決議も同様です。

9 書面決議

取締役会は本来、取締役、監査役たちが〝一堂に会して〟審議、決議をすべきです。

が、例外として、厳重な要件で書面による決議を認める制度があります。定款に、「提案された議案について、その決議に参加できる取締役の全員が書面や電子データで同意している場合、監査役が一人も異議を述べていないことを条件に、取締役会の決議があったとみなす」という規程を置くことができるのです（**「書面決議」**、370条）。海外在住の取締役が急には来日できないなどの事態を想定した制度です。株主の期待を考えると、あくまで例外的な対応とすべきです。

取締役の「同意」とは、①取締役会の開催をせずに書面で決議を行うことについての同意と、②議案についての同意（賛成）の2つの意味があり、両方必要だということです。ですから、「議案については賛成だが、やはり実際に集まって取締役会を開催したほうがよい」という理由で不同意とすることも可能です。

10 テレビ会議・電話会議

「テレビ会議システム」「電話会議システム」など、通信手段を用いた取締役会の開催は、**「即時性」**と**「双方向性」**とが充たされる限り、可能です。「即時性」とは参加している取締役や監査役の発言が、他の参加者に即時に伝わることです。「双方向性」とは各取締役や監査役が自由に意見交換できることです。実例として、会議室の外にいる取締役が携帯電話で取締役会開催中の会議室に電話したものの、会議室の電話にはスピーカーフォンがなく、会議室の取締役らは携帯電話を聞き取れない状況であった事案について、裁判所は、即時性、双方向性がなく、この取締役が「出席」していたとは認めないとしたケースがあります（福岡地裁、2011年8月9日判決）。

通信システムを利用した取締役会は、感染症の流行、大災害の発生などで参加できない取締役、監査役がいる場合の対策として必要です。が、即時性、双方向性は厳密に求められます。充実した会議は株主の期待でもあります。そこで、事前にシステムや通信機材の調整を十分に行うことが必要です。

11 議事録と異議の表明

取締役会の議事については議事録を作成し、出席した取締役、監査役が署名または記名・押印します（369条3項）。議事録は電磁的記録（電子データ）で作成することもできます。この場合は電子署名が必要です（369条4項）。

取締役は、たとえ議案に反対したときでも議事録に異議をとどめておかないと、決議に賛成したものと**「推定」**されます（369条5項）。「推定」とは、そうでなかったことを立証できない限り、事実として扱われるという意味です。従って、取締役会の席上で「反対」と意見表明したうえで、議事録にも「＊＊取締役は審議事項＊号については反対した」と記載してもらうことが必要です。社内出身の取締役にとっては反対を表明することは大変かもしれませんが、後々の訴訟リスクを考えれば、勇気を持って異議を述べ、議事録に記載してもらうべきです。

12 議事録の保管と閲覧

取締役会の議事録は、会日から10年間、本店に備え置かなければなりません（371条1項）。監査役型・監査等委員会型・3委員会型の会社の株主は、株主としての権利行使のために必要である場合は、「裁判所の許可」を得て取締役会議事録を閲覧、謄写することができます（371条3項）。議事録には企業秘密に該当する事柄も記載されているため、裁判所の許可が必要とされています。

株主が代表訴訟で取締役の責任を追及しようとするとき、多くの場合、取締役会議事録をチェックします。議事録の記載はきわめて重要です。裁判所は、閲覧・謄写をすることにより会社に著しい損害が生じるおそれがあるときは、許可することはできないとされています（371条6項）。なお、会社の債権者、親会社の株主や「社員」（親会社が合名・合資・合同会社などであるとき、その持分を持つ構成員）も、権利行使のために必要であれば、裁判所の許可を得て取締役会議事録の閲覧・謄写を請求できます（371条4項、5項）。

取締役としては、取締役会議事録が閲覧・謄写の対象となる場合があることを意識しておくべきです。

第7章

取締役の善管注意義務

1 「善管注意義務」の意味

(1) 善管注意義務の水準は客観的なもの

取締役と会社との間に「委任契約」が成立しています。従って、取締役は会社から経営を受任した者として、「善良な管理者の注意義務」(「**善管注意義務**」)に従って注意深く職務を遂行する必要があります(民法644条)。受任者の注意深さの「水準」については、受任者の「職業、その属する社会的・経済的な地位などにおいて一般に要求されるだけの注意」とされています(我妻榮『債権総論』岩波書店26頁)。「一般に要求される」水準とは、その立場の受任者として「客観的に求められる水準」ということです。「自分の能力に応じてそれなりに」という甘えは許されません。客観的水準に達するまでの自己研鑽が求められるのです。そこに「受任者」の厳しさがあります。

これを取締役に当てはめると、会社の属する業界、会社の規模、業態、特質などに照らして、その場に置かれた「標準的な取締役」であれば尽くすはずの注意義務を尽くすべきだということです。ですから取締役は、執務するに際しては「標準的な取締役であったら、どう対応するだろうか？」と考えながら業務を進めるべきだといえます。それが一つのガイドラインです。

といっても、まだ抽象的ですね。万一訴訟になり、裁判所に「善管注意義務に違反した」と判断されると、故意・過失と因果関係があれば、「任務懈怠」ということで、会社に対する賠償責任を負わされるのです（423条1項）。取締役は自分自身のリスク管理としても、善管注意義務の中身について日常業務のレベルにまで掘り下げて具体的に理解しておく必要があります。

本章では善管注意義務の具体的意味について、取締役の執務に役立つように整理します。

(2) キーワードは「委任の本旨」

善管注意義務の中身を考えるとき、取締役としてぜひ記憶にとどめていただきたい大切なキーワードがあります。それは**「委任の本旨」**という言葉です。民法は、受任者は「委任の本旨」に従って事務を処理すべしと定めています（民法644条）。委任の本旨に従うとは、受託した業務の性質に応じて委任者にとって**「最も合理的」**に対応することです（我妻榮『債権各論』中巻二670頁）。取締役にとって委任者は法形式的には「会社」ですが、実質的には「株主」です。

従って、取締役は、会社にとって、最終的には株主にとって、「最も合理的」と思われる方法、手段で業務を行うべきです。もちろん「株主」といっても大株主、機関投資家、事業法人株主、個人投資家、多数派・少数派と様々で、それぞれに利害は異なります。難しいことですが、取締役は、それぞれの利害を考え、総合的に見たとき、「株主全体にとって最も合理的な対応はなにか」と考えることが大切です。

2 立場によって異なる注意義務の範囲

(1) 注意義務の範囲は「立場」によって異なる

取締役の注意義務を考えるとき、取締役を3種類の立場に分けて考えるとスッキリと理解できます。「取締役」は、社外取締役、非業務執行取締役（第3章5節）など「執行に関

図表 7-1
3 種類の取締役と善管注意義務

代表取締役	執行に関与する取締役	執行に関与しない取締役
ボードの一員としての注意義務	ボードの一員としての注意義務	ボードの一員としての注意義務
・全社的に情報を把握する義務 ・全社的に執行を監督する義務	・担当業務の情報を把握する義務 ・担当業務の執行を監督する義務	

与しない取締役」と、業務執行取締役、使用人（従業員）兼務取締役、執行役兼務取締役など「執行に関与する取締役」と、執行に関与する取締役のなかでも総合的に関与する「代表取締役」の3つの立場に分けられます。それぞれの立場ごとに善管注意義務を向けるべき範囲が大きく異なります（図表7－1）。

(2) 執行に関与しない取締役の場合

①取締役会の審議・報告事項を検討する義務

社外取締役を含め、3種類の立場の取締役すべてが共通に負っている注意義務は2つあります。ボードの一員としての義務です。

その第1は、取締役会の場で審議事項、報告事項を吟味し、検討する義務です。「審議事項」について適法であるか、妥当であるか、リスクはないか、経営的な価値はあるか、社会的に是認されるかといった多角的な観点から検討し、「報告事項」についても、同様に注意深くチェックする義務です。**「審議・報告事項検討義務」**と呼ぶことができます。

「報告事項」についての実例として、フィナンシャルグループ（FG、持株会社）の取締役会で、傘下の銀行が行っている自動車ローンの融資先に暴力団関係者がいると報告がなされていたのに何も対処しなかったことで、「（FGの）取締役会は……認識していたにもかかわらず、……子会社の各部任せにしていた」としてFGと銀行とが行政処分を受けたケースがあります（「FG自動車ローン事件」、金融庁、2013年12月26日処分）。

取締役は、取締役会の会議の席で急に検討するのは大変です。事前に審議事項についてのブリーフィング（簡潔な事前説明）を求めたり、必要に応じて自分で情報を集めたりして、十分な準備をして取締役会に臨むべきです。報告事項についても気を緩めてはいけません。

②経営トップに対する監督義務

すべての取締役が注意を向けるべき事柄の第2は、経営トップの業務執行に対する監督義務です。経営トップがどのように執行組織をリードしているかは、全社の活動を決定的に左右する最重要事項です。

そこで判例上、取締役は、取締役会に上程される審議事項や報告事項以外にも、「代表取締役の業務執行一般につき、これを監視し、必要があれば、取締役会を自ら招集し、あるいは招集することを求め、取締役会を通じて業務執行が適正に行われるようにする職務を有する」とされています（**「電気製品修理会社事件」**最高裁、1973年5月22日判決。第3章4節）。一般に、この義務を、取締役の代表取締役に対する**「監視義務」**と呼んでいます。が、私は経営トップに対する**「監督義務」**と表現すべきだと思います。取締役会の執行組織に対する監督機能の表れであり、また、監視だけでなく是正までする義務があるからです。

取締役が監督義務を果たすためには経営トップの活動に関する「情報」が必要です。特に社外取締役の場合、待っているだけでは情報が入って来ません。そこで積極的に、ⓐ工場、店舗、オフィスなど、会社の諸施設を訪問して執行現場の情報を得る、ⓑ適宜、執行担当者、従業員らとの懇談の場を設けて執行現場の雰囲気を知る、などの努力を行うことが求められます。こうして得られた情報で経営トップの姿勢、執行ぶりに問題性を感じたときは、直ちに取締役会の開催を要求して是正を求めるべきです。

(3)執行に関与する取締役の場合

業務執行取締役、使用人兼務取締役、執行役兼務取締役など「執行に関与する取締役」の場合も、ボードメンバーとして先に述べた基礎的な義務を負っています。が、さらに内規などにより執行担当者として負っている職責上の注意義務と、担当業務から得られる情報に対応するための注意義務が加わります。

たとえば、「取締役財務部長」という使用人兼務取締役であれば、ボードメンバーとしての注意義務に加えて、財務部長としての職責上の注意義務と、財務部長として得ている情報に対応する注意義務とが加えられます。自ら執行をしているのですから、担当業務に関しては豊富な情報があります。また、部下がいるのですから必要情報はいつでも収集して必要な対応ができます。そこに「執行に関与する取締役」の注意義務の重さがあります。

事例として、銀行のニューヨーク(NY)支店の従業員が不正を働き11億ドルの損失を生じさせた事案に関する株主代表訴訟において、裁判所は、取締役のなかでも「NY支店長」を担当した取締役について、「業務担当取締役あるいは使用人兼務取締役として……任務懈怠の責を負う」として、取締役が支店長就任後に生じた損害について、銀行に対する賠償を命じています（「銀行NY支店事件」大阪地裁、2000年9月20日判決）。

執行に関与する取締役は、社内規則で明示されている自分の注意義務をよく整理しておくこと、日々入ってくる業務情報について法令上の問題、リスク管理上の問題などはないかを常にチェックすることが必要です。問題があると感じたら、直ちに取締役会に報告して対応を協議すべきです。さもないと一人で責任を背負い込んだままになります。

(4)代表取締役の場合

①代表取締役の注意義務の範囲は全社に及ぶ

代表取締役は「代表業務」という業務を執行する取締役です。部門ごとに執行している他の執行担当取締役とは異なり、その権限は全社にわたります。代表取締役は社内的には執行組織全体を統率し、社外的には会社を代表して契約を締結し、各種の営業活動全体を主導する立場です。

従って、代表取締役が注意を向ける範囲は、他の業務執行取締役・使用人兼務取締役らから上がってくる報告に基づいて全社的な状況を把握すること、社内の執行のあり方や営業活動について方針を決断し、具体的対応策を命じて監督することです。

②「信頼の原則」各執行担当取締役に委ねることも許される

そう考えると、代表取締役の善管注意義務の範囲は際限なく広がります。そのすべてを各担当取締役と同様の細かさで注意するのは不可能になります。法律は不可能を強いるものではありません。

そこで、大規模な会社では、代表取締役は「社長」などとして総合的な情報把握と対応を行い、各事業部門については、他の業務執行取締役である、「副社長」「専務」「常務」や、部門ごとの使用人兼務取締役らに委ね、その担当取締役らが適正に執行していることを前提にして、注意義務を果たすことが許されます。原則として、他の執行担当取締役が適正に業務遂行していると信頼してもよいのです。これを**「信頼の原則」**といいます。

「銀行NY支店事件」で裁判所は、頭取（代表取締役）、副頭取は検査部、支店事業の各担当取締役に適切に業務を行うことを委ねることが許され、「疑念を差し挟むべき特段の事情がない限り、監督義務懈怠の責を負うことはない」として、具体的には「特段の事情についての主張、立証はない」と指摘し、結論として頭取、副頭取の責任を否定していま す（前掲、大阪地裁、2000年9月20日判決）。

ただし、信頼しても「許される」のであって、信頼「すべき」というわけではありません。何らかの違和感、兆しがあればすぐに調査、報告を命じるべきです。

代表取締役は、全社的な情報を集めるため、「経営会議」「常務会」など、担当取締役が集まって報告する会を開催し、また個々の担当取締役からも個別に報告を受けるべきです。そこで必要に応じて、指示・命令を下して会社全体を監督しなければなりません。

3 条文から読み解く、注意義務の視点

(1)「不正行為」「法令違反行為」「定款違反行為」「不当な行為」

以上のような、執行に関与しない取締役、執行に関与する取締役、代表取締役の3種類の立場の違いを踏まえたうえで、では、どのような「視点」で善管注意義務を尽くしたらよいのか、その具体的な内容を整理します。

会社法は取締役の善管注意義務について、その「中身」を正面からは規定していません。が、会社法の条文から、ある程度、注意義務の中身を読み解くことができます。監査役、監査等委員、監査委員は、いずれも、取締役に「不正行為、そのおそれ、法令・定款違反の事実、著しく不当な事実」があるときは、取締役会に報告する義務を負うと定められています（382条、399条の4、406条）。

監査役など監査機関は執行組織には属していないので、自分で業務命令を出すことはできません。そこで取締役会に報告することで、取締役会の監督機能を通じて、これら取締役の行為を止めさせてもらうという趣旨です。ですから「不正行為」「法令違反行為」「定款違反行為」「不当な行為」は、取締役の善管注意義務に違反する行為の中身を列挙したものといえます。

なお、「不当な行為」には「著しく」という形容詞がついています。けれども「著しく」という言葉にあまりとらわれるべきではありません。いやしくも監査機関が「問題だ」と思って取締役会に報告すべきだと判断したのですから、それは「著しい」場合に決まっています。また、「著しく」といえるか迷う場合でも、「著しく不当」になるまでじっと待っているべきではありません。

（2）「著しい損害を及ぼす行為」

さらに、取締役は、「会社に著しい損害を及ぼすおそれのある事実」を発見したときは、「ボードなき会社」では株主に、取締役会設置会社であれば監査役、監査役会、監査等委員会に報告することを義務付けられています（357条）。執行に関与しない取締役もこの報告義務を負っています。社外取締役など「執行に関与しない取締役」は業務命令を出すことはできませんから、監査役などに動いてもらう以外に対策が取れないのです。

この規定は「会社に損害を及ぼす行為」が取締役の善管注意義務違反であることを示しています。なお、この「著しい」も先に述べたと同様の理由で、あまりとらわれなくてよいと思います。

以上からすると、**「不正行為」「法令違反行為」「定款違反行為」「不当な行為」「損害を及ぼす行為」**は、善管注意義務を考えるときの重要な「視点」ということになります。

(3)「執行に関与しない取締役」と「執行に関与する取締役」

以下で整理する善管注意義務の視点は、「執行に関与しない取締役」にとっては取締役会の場面で、「執行に関与する取締役」にとっては、それに加えて自身が執行を行っていく場面でも問われる義務です。

4 不正行為の禁止

(1)「不正」のなかにはコンプライアンス違反が含まれている

まず、第1に当然のことですが、取締役は執務するうえで「不正行為」を行ってはいけません。「不正」とは、文字どおりには「正義ではないこと」です(『広辞苑』第7版)。法律が「法令違反」とは別に「不正」と定義しているのは、法令違反を含むけれども、それを超えて正義の観念に反することを意味したかったのだと思われます。

「正義」のなかには、社会常識、社会条理、社会良識などがありますが、なかでも現代の社会で最も大切な考え方は**「コンプライアンス」**です。「コンプライアンス」(compliance)は、「Comply」(合わせる)から生じた言葉で、「相手の期待に応える」という意味です。企業にとって期待に応えるべき「相手」とは、消費者、ユーザー、従業員、地域社会、取引先、株主です。こうした存在を一くくりにして**「ステークホルダーズ」**という言い方もあります。しかし、私は「消費者に対するコンプライアンスとしてどうか」「従業員に対するコンプライアンスとしてどうか」と、きめ細かく考えるべきだと思います。

(2)コンプライアンスは法令を超える

コンプライアンスは消費者など「社会」が「期待するところ」ですから、法令が求めるラインを超える場合が多いものです。あるグループホームで火災が発生して犠牲者が出ました。消防法の規制では275㎡以上の施設はスプリンクラー設置義務があるのですが、その施設は270㎡であったため設置していませんでした(「グループホーム火災」2013年2月)。

このケースは法令違反ではありませんが、安全に暮らしたいという居住者の「期待」には反しており、コンプライアンス違反です。**「コンプライアンスは法令を超える」**のです。適法性よりも厳しく、適正さを守る経営を「適正経営」と呼ぶことができます。取締役としては、審議事項について、法令に合致している適法性の確認だけで安心することなく、コンプライアンスに合致しているか、適正経営と言えるかを確認する姿勢が必要です。

(3) 取締役会の場面で

従って、取締役は、取締役会の場面では先に述べた視点に照らし、「不正」な企業活動が審議事項や報告事項で上がってきたら、断固として反対意見を述べ、そのまま進めた場合のダメージを指摘するなどして、阻止すべきです。

取締役会の場面に不正な事業に関する事項が上がってくることなどありえないと思われるかもしれません。しかし、実例では、ＨＩＶウイルス感染の危険性が世の中でも指摘されている状況下で、非加熱（ウイルス殺菌をしていない）血液製剤の販売を継続する方針について、営業本部長が「常務会」に報告したところ、「格別の異論もなく了承された」と認定されているケースがあります（「血液製剤刑事事件」大阪地裁、２０００年2月24日判決）。製薬会社にとって患者は最も大切な消費者のはずです。それでも、常務会で患者の期待に反して、患者に生命の危険がある製品について執行に関与する取締役「全員」が販売継続を了承してしまう、そうした事実が現実にあることがわかります。

(4) 執行の場面で

執行に関与する取締役は、さらに加えて、自分が執行を進めるうえで絶対に不正を行わない決意を持つべきです。不正の典型は犯罪行為です。執行に関与する取締役が陥る可能性のある犯罪のうちで会社に影響が生じるのは、特別背任、会社財産の横領、有価証券報告書の虚偽記載、違法配当、カルテル、贈賄などです。グローバル企業の場合は、さらに海外公務員に対する贈賄などのリスクもあります。また、不祥事の「隠ぺい」はそれ自体が社会正義に反する行為であり、不正な行為です。

みなさんは「自分が不正行為や犯罪に関わるはずがない」と思われるかもしれませんが、職務遂行に懸命になりすぎていると、落とし穴に気づかないこともありえます。たとえば、「電機メーカー不正会計事件」では、営業部担当者らが特定の工事案件について「工事損失引当金」の計上について説明したところ、カンパニー社長は「収益改善を必ず達成しなければならない」として、計上を認めなかったと報告されています(第三者委員会2015年7月20日調査報告書)。収益改善に懸命になりすぎた結果といえます。

5 法令順守義務

(1)「法令順守」は企業にとって必須

「法令順守」も取締役の重要な善管注意義務の一つです。万一業務で法令違反が発生すると、会社は「違法企業」というレッテルを貼られます。刑事罰や民事賠償、行政上のペナルティなどに加えて、レピュテーション上も甚大な被害が生じます。「自動車無資格検査事件」(2017年9月29日、国交省発表)は、道路運送車両法の関係法令で定められた有資格者による「完成検査」(完成した自動車の作動検査)を無資格者が行っていた事案です。会社は116万台のリコールを行うこととなり、役員は報酬の一部返上を行い、同年度の売上は大きく減少しました。法令違反の衝撃の大きさがわかります。

(2) 取締役会の場面で

取締役は、取締役会の審議事項、報告事項に関連する法令について専門的な知識までは必要ではありませんが、概括的な見方ができる程度のリーガルマインドは持っていることが必要です。

そのためには、ビジネスに関連する各種法令について、それぞれ何のために立法されているのか、**「立法趣旨」**（その法律が制定された目的）を知っておくことが役に立ちます。

ビジネスに関連する法律としては、会社法、金融商品取引法、独占禁止法、不正競争防止法、景品表示法、労働基準法など労働に関連する法律、特許法など知的財産に関連する法律、製造物責任法、消費者契約法など、ＳＤＧｓの観点からは環境基本法などがあります。また、医薬品医療機器法（薬機法）、食品衛生法、銀行法、保険業法など、会社が所属する業界ごとに、「業法」と呼ばれるものがあります。

それぞれについて、立法趣旨を把握しておくのです。たとえば、独占禁止法は、「商品・サービスの品質と価格で堂々とビジネス競争を行うこと」により健全な経済社会を守ることが立法趣旨です。そう理解するとカルテルのような「馴れ合いビジネス」が違法だということが明快にわかります。

取締役は、取締役会に出席するときは関係法令の概括的な理解を持って臨むのが理想です。素朴に疑問に思うことは法務担当者に説明を求めるべきです。

また、審議事項を提案する代表取締役や業務執行取締役は、必要に応じて法務担当者や弁護士の意見書を取締役会に資料として提出すべきです。

(3) 執行の場面で

執行の場面では、節目ごとに関係法令について法令をクリアしているかを確認することが必要です。一連の業務をフローで分けて検討するのが実践的です。メーカーであれば、企画、開発、設計、製造、搬出、保管、販売と段階ごとにリーガルリスクを洗い出し、その履行状況をチェックする方法です。

製造物責任法は、「設計上の欠陥」「製造上の欠陥」「警告・表示上の欠陥」と3方面から欠陥の認定を行うとしています。販売営業で使用する取扱説明書、カタログ、パンフレットなどの表示については景品表示法、不正競争防止法などの視点からの検討が必要です。営業活動に際しては消費者契約法、特定商取引法などからの検討も必要になります。法令順守状況を確認するためには、法務担当者、場合によって弁護士の協力が不可欠です。

6 定款を順守する義務

(1)「定款」は株主に対するマニフェスト

「定款」を守ることも取締役の善管注意義務の一つです。**「定款順守義務」**は、実質的な委任者である「株主」に対する責務であり、善管注意義務のなかでも中心に存在するものの一つです。

「定款」とは何かについては法律学の世界では「規範説」「契約説」などの議論があります。今では「一種の自治法である」と理解されています。定款が会社の機関や株主が従わなければならないルールであることは、そのとおりです。

が、私は、取締役としては、定款を「株主に対する会社の約束ごと」、一種の**「マニフェスト」**(公約)であるとして厳粛に受け止めるべきだと思います。定款は会社設立に際して最初に作成され、公証人の認証を受けて初めて効力が生じます。改正するには特別決議という厳格な手続きが必要です。定款は株主に対する一つの「公約」です。株式を取得した人々は、経営陣がその「公約」を守ることを信頼して株主になったのです。

会社法は、株主は会社の営業時間内であれば、会社に対していつでも定款の閲覧や謄本を請求できると規定しています（31条2項）。定款が株主に対するマニフェストだと理解すれば、その趣旨がわかります。こうした点からすると、株主の請求を待たず、会社側から積極的に定款を開示すべきだということになります。実際、多くの企業がホームページ（HP）で定款を公開しています。

（2）特に大切なのは定款の「目的」

定款のなかでも特に大切なのは、会社が行う事業内容を記載した「目的」の欄です。「電子機器の開発・製造」を行う会社だというから投資したのに、実際は会社が「食品の開発・製造」を行っていたというのでは、株主は裏切られたことになります。目的が大切だという点については、会社法の規定からも知ることができます。監査役、監査等委員、監査委員は、取締役や執行役が問題行為を起こしているときに差し止める「差止権」を持っていますが、その対象となる行為について、いずれも「会社の目的の範囲外の行為その他法令もしくは定款に違反する行為」と表現しているのです（385条、399条の6、407条）。

事例として、建設会社の取締役が、ある町の町長に対して工事の受注ができるようにと現金を渡したことに関して株主代表訴訟を提起された際に、被告として「営業活動の一環であるとの意識の下で行ったので、業務執行の範囲内である」と述べたのに対して、裁判所が「たとえ会社のための営業活動の一環という意識の下に行われたものであったとしても定款の目的の範囲内の行為と認める余地はない」とした判例があります（「建設会社町長贈賄事件」東京地裁、1994年12月22日判決）。この判決のなかで裁判所は「贈賄のような犯罪を営業の手段とすることがおよそ許されるべきではないのは当然である」と述べています。

取締役としては、取締役会で「新規事業」などが提案された場合は、定款の目的に記載されているか、目的遂行のために本当に「関連する」といえるかを吟味する必要があります。

7 不当な行為の禁止

取締役の判断、行為が「不当」でないことも善管注意義務の内容です。「不当」とは、具体的な法令違反とはいえないが、妥当性を欠くことをいいます。取締役はボードメンバーとして取締役会の審議に参加するときの判断の幅について、また執行担当として業務を進めるときの判断の範囲についても、一定範囲の裁量権を持っています。その裁量権を大きく逸脱したときは、不当な行為として善管注意義務違反になります。

不当であるかどうかは行為の目的と手段の両面から判断されます。行為の「目的」に私的な利益を得る、私的な報復をするなどの不当性があれば、行為全体が善管注意義務違反になります。たとえば、人事で「配置転換」を命じた例で、裁判所が、配置転換の目的が「業務上の必要性とは無関係に、……いわば制裁的に配転命令をしたものと推認できる」と認定して、命令が不法行為になるとしたケースがあります（「無効配転命令事件」東京高裁、2011年8月31日判決）。

「手段」に関する事例として、ある飲料会社の取締役が「余剰資金の効率的運用」という

「目的」で行った資金運用について、運用の「手段」がデリバティブ取引という大きな損失が発生するリスクが存在する方法であり、その担保金の規模も資本金の3分の2に達するときは、「社会通念に照らして、『営業の範囲外』における投機取引」であると認定されたケースがあります（「飲料会社事件」東京地裁、2002年9月12日判決）。

取締役としては、執務を行うとき、その目的、手段両面において妥当性があるかを常に自問自答する姿勢が望まれます。

8 損害を回避する義務

取締役は会社に損害が生じるのを回避する義務があります（**「リスク管理義務」**）。取締役会の場面で取締役は、会社の「リスク管理体制」を十分なものとするための提言を行うべきです。会社法施行規則も「損失の危険の管理」に関する体制の構築を取締役会の責務と位置付けています（会社規100条1項2号）。「リスク管理」は、①リスクを知るところから始まり、②リスクを回避するための手段の工夫、③実際に非常事態が発生したときの損害最小化の工夫から構成されます。なかでもリスクを知ることは最も重要です。この点、社外の取締役・監査役には、社内の人々では気づかないようなリスクを指摘することが期待されます。

取締役は執行を行う場面では、それぞれが「リスク管理基準」を設け、リスク回避に努めるべきです。

9 適正な「経営判断」をする義務

(1) 経営判断とは

取締役は様々な「経営判断」(ビジネス上の判断)を行う際も、善管注意義務に従って行わなければなりません。経営判断の対象事項は、「新規事業への進出」「事業の撤退」「他社との業務提携」など重大な事柄から「業務委託先の選択」など日常的な事柄まで、規模も内容もバラエティに富んでいます。

経営判断は、取締役会の場面で「審議事項」として問われることもあれば、執行担当取締役が日々の業務を進める場面で、一人で検討し判断していく場合に問われることもあります。執行に関与しない取締役も執行に関与する取締役も、経営判断に直面するのです。それでも、取締役はひるむことなく、経営判断を行って前に進むことを、株主から期待されています。

CGコードはこの点を「取締役会は……経営陣からの健全な企業家精神に基づく提案を歓迎しつつ、……多角的かつ十分な検討を行う……べきである」と表現しています（原則4－2）。

（2）経営判断と善管注意義務

取締役はこうした経営判断を善管注意義務に従って行うのですが、経営判断は、これまで述べてきた、不正行為、法令・定款違反行為、不当な行為、損害を及ぼす行為の禁止とは根本的に違う点があります。それは、不正、法令・定款違反などは、どれも「行ってはならない義務」であるのに対して、経営判断は「行うべき義務」であるという点です。執行に関与しない取締役はボードメンバーとして取締役会の場面で、執行に関与する取締役はさらに日々の執行の場面で、それぞれ経営判断を行います。仮に、取締役が責任追及をおそれて、経営判断を行わなくなれば、取締役としては「判断義務」の放棄です。会社としても決定機能、執行機能が働かなくなることを意味します。そうなれば、「会社」というビジネスシステムは崩壊します。

従って、取締役が経営判断について「善管注意義務違反」を問われるとしても、それは**「例外的な場合」**に限られるべきです。この点について判例も、「取締役がその権限の範囲内で会社のために最良であると判断した場合には、基本的にはその判断を尊重すべきである」と述べています（「証券損失補塡事件」東京地裁、1993年9月16日判決）。

(3) 経営判断原則

では、取締役が「例外的に」経営判断責任を問われるのはどのような場合でしょうか。逆に言えば、取締役はどのような点を押さえておけば経営判断責任をクリアできるのでしょうか。この点について裁判所は「取締役の決定の過程、内容に著しく不合理な点がない限り、取締役としての善管注意義務に違反するものではない」と述べています（「マンション会社事件」最高裁、2010年7月15日判決）。つまり、「決定の過程」や「決定の内容」が著しく不合理でなければ取締役が経営判断責任を問われることはないのです。

この「決定の過程」について他の判例をもとにさらに分析すると、決定過程で、どのような情報収集、参考意見の聴取、事実調査を行ったか（調査）、集められた情報にもとづく会議など、どのような検討プロセスを経たか（会議）について吟味されています。

以上を総合すると、「取締役は、経営判断に際して、①的確な調査を行い、②適切な検討プロセスを経て、③結論も不合理とはいえないという3つの点を満たしていれば、たとえ判断の結果、会社に損失が生じたとしても、善管注意義務違反として責任を問われることはない」という原則が生まれます。これを**「経営判断の原則」**（Business Judgement Rule：ＢＪＲ）といいます。**「調査と会議と合理的結論の原則」（経営判断3原則）**と簡潔に表現すれば覚えやすくなります。取締役が経営判断を行う際の信頼できる羅針盤です。

この3点については、判例上は、いずれも、「著しく不合理な」調査や会議ではないこと、「著しく不合理な」結論ではないこと、と表現されています。しかし、それは取締役が経営判断責任を負うのは「例外的な場合に限る」ことから、裁判所はそのような極限的な認定基準としているのです。ですから、当然のことながら、取締役としては、日常業務では「合理的な調査」「合理的な会議」「合理的な結論」を目指すべきです。

(4) 経営判断原則の適用例

①調査の原則について

●重視される「調査」「会議」という外形的なプロセス

経営判断原則が裁判所で実際に審理された事例を見ると、情報収集など「調査プロセス」、種々の検討会など「会議のプロセス」と、外形的な事実に重点を置いて善管注意義務違反の有無を判断している例が多いことに気づきます。

●許認可の調査

「調査」に関する判例では、銀行の常務取締役がゴルフ場開発事業に融資する際に、開発するためには都道府県知事の開発許可等が必要であるのに、許可を得られているか確認を怠ったまま融資判断を行ったことが、善管注意義務違反とされた例があります(「ゴルフ場プロジェクト事件」東京地裁、2004年3月26日判決)。

●調査する主体について

また、銀行の専務取締役が会員制リゾートマンションの経営が不振で、リゾートホテル経営に切り替えるに際して追加融資を決定したときに、銀行審査部が検討した収支見込に基づいて判断した事案では、裁判所は審査部は「融資の安全性の観点からその内容の審査を行う部署であっても、自らが主体となって事業化の可能性を調査・立案する部署ではない」として、善管注意義務違反があるとする理由の一つにしています（「リゾート追加融資事件」東京地裁、2002年4月25日判決）。

●第三者意見の取得

調査の段階で弁護士など第三者意見を取得することは、経営判断の審理ではプラスの要素とされています。信販会社が関連リース会社に対して整理のための資金を支援したことについて、経営判断の妥当性が問題となった事案では、複数回にわたって弁護士の意見を取得していることが指摘されたうえで、善管注意義務違反にならないとされています（「リース会社支援事件」東京地裁、2005年3月3日判決）。「マンション会社事件」はグループ再編のため子会社を完全子会社化するために、子会社株式を買い取るときに鑑定価格より高く買い取ったことの妥当性が問題とされた事案ですが、やはり、弁護士の意見を取得していることが指摘されたうえで、善管注意義務違反にならないとされています（最高裁、2010年7月15日判決）。

②会議の原則について

「証券損失補塡事件」（前掲、東京地裁、1993年9月16日判決）では、損失補塡（本件当時は規制法令なし）を実施するについて大口顧客を維持することの重要性、主幹事証券の地位を確保することの重要性などを考慮したうえで「専務会」で検討したことが認定されて善管注意義務違反にならないとされ、また「リース会社支援事件」（前掲、東京地裁、2005年3月3日判決）では、「臨時経営会議」で複数回検討したことが認定されて、善管注意義務違反にならないとされています。

前述の「マンション会社事件」（前掲、最高裁、2010年7月15日判決）では、会社やグループ各社の全般的な経営方針を協議する機関である「経営会議」で検討されたことが認定されて、善管注意義務違反にならないという結論になっています。

③結論の合理性

裁判所は調査と会議という外形的な事実を重視し、「結論の合理性」に踏み込むことはあまりありません。裁判所は「取締役がその権限の範囲内で会社のために最良であると判断した場合には、基本的にはその判断を尊重すべきである」と考えているからです（前掲「証券損失補塡事件」東京地裁、1993年9月16日判決）。

けれども、先の「リゾート追加融資事件」では、会員制リゾートマンションをリゾートホテルに切り替えるについて、裁判所は「立地条件、部屋の企画、付属施設の評価、料金設定、融資返済条件などが根本的に変わってくる」と指摘して、追加融資するという結論自体の合理性に踏み込み、結論の合理性について疑問を提起し、善管注意義務違反だとしています（前掲、東京地裁、2002年4月25日判決）。

(5)「経営判断原則」に関する取締役の心構え

①「調査と会議と合理的な結論」をキーワードとする

取締役は、業務で判断を求められるときは、常に「調査と会議と合理的な結論」を心に刻んで取り組むべきです。実際上、ビジネスチャンスを逃すまいとして、不動産であれば登記簿の確認、商標権であれば特許庁のデータベースの確認といった、ごく基本的な調査を省略してしまうことがあります。

②「目的」に経営的な価値があること

判断を行う対象となるビジネス行動の目的が、経営的に見て価値があることが前提として重要です。

前述の「マンション会社事件」も株式買取りの目的が「グループ再編」という、経営的に価値のあるものであったことが重要視されています（前掲、最高裁、2010年7月15日判決）。目的に価値があっての「調査」であり、「会議」です。たとえば、「入札談合を巧みに行う！」といった、反社会的な「目的」であれば、経営判断原則は適用されません。

③自分の利益のための行動ではないこと

ビジネス行動を取った目的が、自分の利益のためであるときも、経営判断原則は適用されません。実例があります。不動産賃貸会社の取締役が、会社が保有する優良他社の株式を別法人に譲渡した行為について、裁判所は、その行為が、実は優良他社に対する自分の支配権を維持するためであったと認定し、「個人的利益を図る背任の意図」として、「判断過程にも判断内容にも著しい不合理が認められる」として善管注意義務違反が成立するとしています（「背任的株式譲渡事件」大阪地裁、２０１３年１月25日判決）。

④「信頼の原則」は適用されるが、頼らない

「信頼の原則」は経営判断の場面でも適用されます。経営判断の第１原則である「調査」の実施に関しては、取締役は、特別な事情がない限り、部下が行った情報収集・分析・検討の結果を信頼して、それらを基礎として判断することが許されます。裁判所も「（当該銀行）のような大規模な組織においては、権限分掌に従って担当各部署がそれぞれに課される基準に従って、誠実に職務が遂行されたものと信頼してその判断をすることが許される」としています（「ゴルフ場プロジェクト事件」東京地裁、２００４年３月26日判決）。

しかし、すでに述べたように、部下、スタッフの調査を信頼して判断することが「許される」のであって、信頼「すべき」というわけではありません。取締役として任務解怠責任を負うのはあなたであり、スタッフ、部下ではありません。「信頼の原則」に頼り切るのは危険です。何らかの違和感があれば、ためらわず再調査を命じるべきです。

⑤監査役、社外取締役に確認を求める

取締役会など会議の場面であれば、取締役としては、議論の節目ごとに監査役、監査等委員、監査委員に、「この審議事項については、調査も議論もこれで十分でしょうか？」と確認を求めることをお勧めします。監査役らはホットなビジネスの現場から距離を置いて冷静に全体を見つめてくれています。その監査役らが「調査と会議はＯＫです」と言ってくれれば取締役は経営判断に自信を持てます。

また、社外取締役に対しては、「世の中から見ても、この結論で合理的と言えますか？」と意見を求めるべきです。社外取締役は、株主を中心とする世の中全体の良識を代表する立場です。取締役責任は結論が「著しく不合理なとき」に生じるのですから、社外取締役が「合理的です」と言ってくれるのなら、取締役は安心できます。

⑥執行担当取締役が一人で判断するとき

執行を担当する取締役が一人で判断するときは、取締役会、常務会など、会議の場ではないので、経営判断3原則の「調査と会議」を実践するのが困難になります。ボードなき会社の取締役も同様です。一人で経営判断をして業務を進めるときは、必要に応じて、ス

タッフ、部下らと一緒に情報を収集し、分析し、活発な議論を行うべきです。そうしたとき、遠慮なく意見を言ってくれるスタッフ、部下は、取締役としてのあなたを守ってくれる最良のパートナーです。普段から人の意見を聴こうとしない「パワーハラスメント的な取締役」であると、スタッフや部下の率直な意見は望めません。

⑦記録を残す

大切なことは、以上の調査と会議のプロセスについて、記録を残すことです。万一、あなたが取締役責任を問われ裁判になったとき、的確な調査を行ったこと、適切な会議を行ったことを立証する証拠が必要です。証拠がなければ、調査も会議も行わなかったことになります。ある株主代表訴訟では、従業員がカルテルの会議に出席して課徴金を課されたことについて、取締役の管理責任が問われました。取締役は全社的な独占禁止法の研修を行っていたのですが、事件は5年も前であり、当時の「研修記録」がなかなか見つからず、倉庫からやっと見つけて証拠提出をして、責任を免れたといいます。

英語の**「ドキュメント」**（document）は動詞として、主張の根拠を「文書で証明する」という意味です（研究社『新英和大辞典』）。

⑧「広報活動」でも経営判断3原則を意識する

ビジネス上の判断による企業行動を「広報」するときも、経営判断3原則を意識することが理想です。的確な調査、適切な検討会議を経て決断していることを、概括的に抽象的でも述べておかないと、リリースや報道を見て誤解した株主からの代表訴訟を誘発することになりかねません。

たとえば、他社と業務提携を行うことを発表するとき、「今回の提携に際しては、様々な角度から情報を収集し、マーケット調査も行ったうえで、プロジェクトチームの報告を踏まえて経営会議で徹底した議論を行い、取締役会で社外役員の意見も十分に聴いたうえで、提携に踏み切るのが最も合理的だと判断し、決断した」というように骨子で発表するのです。このリリース文のなかには経営判断3原則がすべて含まれています。

10 「内部統制システム」を整備する義務

(1)「内部統制システム」とはなにか

①「システム」の必要性

取締役は、善管注意義務の一つとして、**「内部統制システム」**を整備する義務を負っています。「内部統制システム」とは、役職員が不正や法令違反を行わないように未然に防止する「体制」のことです。取締役は、善管注意義務として、従業員は、労働契約や内規に基づく義務として、不正や法令違反などをしない義務を負っています。けれど個々の役職員の様子を見て回るのは、ある程度以上の規模の会社では、まず不可能です。そこで全社的な「体制」つまり「システム」を築いて、制度的に不正や法令違反を防ぐのです。

「銀行NY支店事件」(前掲、大阪地裁、2000年9月20日判決)は、NY支店で現地行員が起こした不正を長いあいだ見抜けなかったことについて取締役が賠償を命じられた事例です。この判決を聞いたある会社の役員が、「NYまで一々検査に行くなんて無理だ」と嘆いておられました。しかし、役員が個別の支店で検査・監督することが求められているのではなく、日本中、世界中、どの支店でも不正が起きないような、がっちりした「システム」を構築することが必要なのです。それが役員の善管注意義務です。

②内部統制システム整備の義務化

取締役会を設置している大会社、および非大会社であっても、監査等委員会型の会社、3委員会型の会社は、会社および子会社からなる企業集団について、「**業務の適正を確保する体制**」の整備について、必ず取締役会で決議することを義務付けられています（必須決議事項、362条5項、399条の13第1項1号ハ、416条1項1号ホ）。「ボードなき会社」も大会社であれば取締役らでこれを決めなければなりません（348条4項）。非大会社の取締役会設置会社であっても、決めるのであれば取締役会で決議しなければなりません（専決事項、362条4項6号）。この「業務の適正を確保する体制」が内部統制システムを意味しています。

この法の定めの重要な点は二つあります。第1は「企業集団」としての内部統制システムを定めるべきだという点です。現代のビジネスは「企業グループ」で推し進められているため、単独で業務の適正を万全に実践することはできません。第2は「適法性を確保」とは表現せずに「適正を確保」としている点です。「法令」を超えて「コンプライアンス」を尊重するシステムを構築するという意味です。

内部統制システムは、一度決めればよいというものではありません。取締役は、会社の内部統制システムが社会の要請、時代の要求にマッチしているかについて常に注意を払い、不備があれば取締役会で改訂を提言し、システムを向上させて行くべきです。

③「内部統制」という言葉

なお、「内部統制」という言葉は、金融商品取引法でも使われています。同法は「財務計算に関する書類その他の情報の適正性を評価した報告書」のことを**「内部統制報告書」**と呼んでいます（同法24条の4の4）。この「内部統制報告書」という言葉の対象は「財務計算に関する事柄」に限られています。

もともと「内部統制」という言葉は、2001年、米国でエンロン社が不透明な会計処理で経営破綻したことをきっかけに制定された**「SOX法」**（Sarbanes-Oxley Act）の404条で「財務報告のための、内部の統制組織と手続き」（internal control structure and procedure for financial reporting）と規定されたところから生じた言葉です。現在では「内部統制」という言葉は財務情報に限らず、ここまで述べてきた「不正」「法令定款違反」「不当」「損害」など、企業活動のすべての分野にわたる管理体制、統制体制のことを意味する言葉として使われています。

④内部統制システムとコーポレートガバナンスの違い

内部統制システムとコーポレートガバナンスとは違います。「コーポレートガバナンス」とは社会・株主の意見を、社外役員を経由するなどして会社、経営トップが取り入れ、これに従うことです。これに対して、「内部統制システム」とは、社会・株主の意見を取り入れた経営トップが、これを自分自身の価値観にまで醸成したうえで、自らが中心となって会社組織の隅々にまで、その価値観を行き渡らせ、全役職員に従ってもらうことです。

コーポレートガバナンスが世論・株主の声を取り入れる、いわば**「横のシステム」**であるのに対して、内部統制システムは経営トップが主導して現場まで統制する**「縦のシステム」**であるといえます。

図表 7-2
内部統制とコーポレートガバナンス

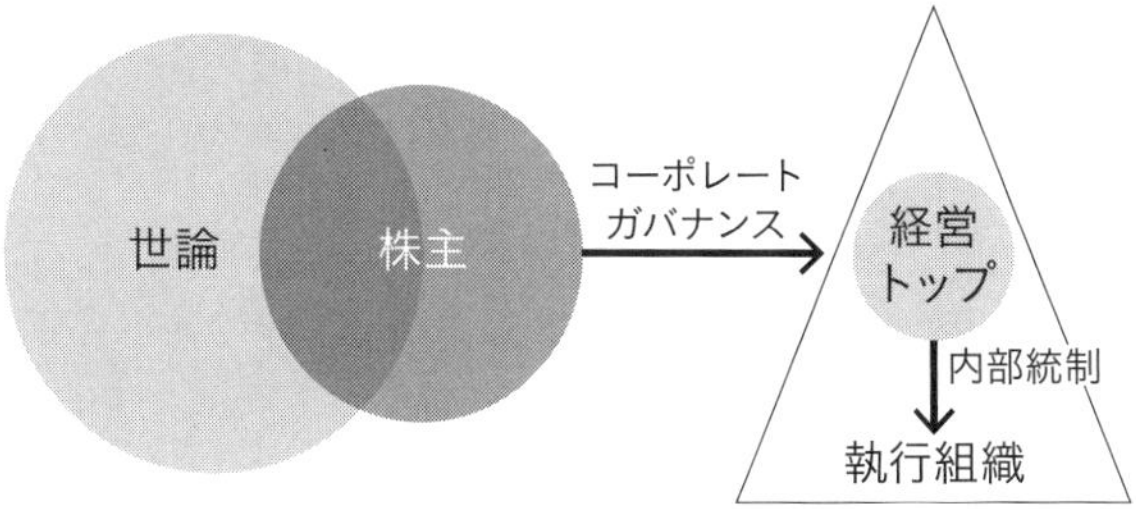

経営トップが「社会・株主の意見を取り入れ、その意見を自分の価値観にまで高めて現場に周知する」という点が極めて重要です。仮に、経営トップが社会・株主の声を聞かず、独自の価値観で会社を統制するとしたら、それは世論とはかけ離れた、ただの「ワンマン会社」です。

⑤内部統制システムの法的根拠

企業が現場の隅々に至るまで統制することができる法的な根拠は、会社が持つ「**企業秩序維持権**」です。「企業秩序維持権」とは、企業の存在と円滑な運営を実現するため、企業秩序を定立し、維持する権限のことです。判例は、企業は企業秩序維持を確保するため、必要な諸事項を、規則をもって一般的に定め、あるいは具体的に労働者に指示、命令することができ、また企業秩序に違反する行為があった場合は、事実関係を調査し、違反行為を明らかにして懲戒処分を行うことができるとしています（「重工会社事件」最高裁、1977年12月13日判決）。ここに内部統制システムの整備に必要な、ⓐ企業の規則制定権、ⓑ指示命令権、ⓒ事実関係の調査権、ⓓ違反者に対する懲戒処分権が明示されています。

(2) 会社法が求める内部統制システムの概要

内部統制システムとして定めるべき具体的内容は会社法施行規則に示されています。①「記録の保存・管理体制」（取締役の職務執行に関する情報の保存及び管理に関する体制）、②「リスク管理体制」（損失の危険の管理に関する規程その他の体制）、③「取締役の職務執行の効率性を確保する体制」、④「法令・定款の順守体制」、⑤「企業集団の適正確保体制」（子会社役員から親会社への職務執行の報告体制、子会社自体についての右の②③④体制など）、⑥「監査役・監査等委員会・監査委員会の職務が実効的に行われるための体制」です（会社規98条、100条、110条の4、112条）。

「記録の保存・管理」は執行組織の不正・暴走を防ぐ効果があります。前述したように記録は取締役自身にとって必要です。「適正に業務執行をしていた」と立証するための証拠になります。また、不正行為をしようとする人は、記録を取られているとわかれば普通は思いとどまります。

「リスク管理体制」の内容は前述したとおりです。監査役などの職務が「実効的に行われる体制」としては、監査役などが補助者の設置を求めた場合の事項、補助者の独立性確保に関する事項、役職員や子会社役職員から監査役に報告する体制、報告をしたときの不利益取り扱いを防ぐ事項、などを定めることが求められています。

(3) 経営トップの宣言

内部統制システムを整備するためには、まず、経営トップが適正経営に向けた「決意」を宣言することが必要です。宣言の項目は、①トップとして本気で内部統制を進める覚悟であること、②目的は社会の信頼の獲得による企業価値の向上にあること、③内容としては、消費者・ユーザーへの奉仕、従業員の尊重、社会貢献、法令順守、コンプライアンス尊重などです。こうした事柄を、経営トップ自身の言葉で表すことです。

（4）内部統制システムの整備のチェックポイント

①「体制」「システム」は3つの方面から見る

では、取締役として内部統制システムの整備状況をどのように確認すればよいのでしょうか。そのチェックポイントを整理します。一般に「体制」「システム」は、**「ルールと組織と手続き」**の3方面から構成されます。「ルール」とは各種の社内規則です。「組織」とは目的を達成するための実務を担う部署担当者、担当役員です。「手続き」とは実務を進めてゆくうえで必要となる各種の周知活動、研修活動、事案処理手続きなどです。前掲のSOX法でも「組織と手続き」（structure and procedure）として、「手続き」が重要視されていました。

②ルールの整備状況

経営理念、企業行動基準、職務分掌規程、コンプライアンス規程、就業規則、服務規程など、各種の社内規則が整備されているかの確認が必要です。

会社が定めるルールのなかで最も大切なのは**「経営理念」**です。経営理念には消費者第一主義、社会貢献、環境保護など、企業の目指すところが明示されていると思います。取締役はそうした理念の達成手段として各種内規がきちんと整合性を持って定められているかを確認すべきです。

③組織の整備状況

内部統制システムを整備する最高責任者は経営トップです。多くの会社は、経営トップを補佐する機関として担当役員や「内部統制推進部」などが設けられています。法令順守は内部統制の重要な目的の一つであり、「法務部」など法務担当者の協力体制が必要です。また、内規違反、法令違反、コンプライアンス違反などがあるときは社内処分の問題になりますので、「人事部」の協力体制も不可欠です。

「コンプライアンス委員会」を設置する場合は、取締役会の諮問機関とするのか、事務管理部門の一つとするのか、その位置付けについて検討と確認が必要です。

また、**「内部通報制度」**の整備も重要です。内部通報制度は、社内で起きている不正、法令・定款違反、コンプライアンス違反などに関する情報を収集し、不祥事に発展するのを防止するための制度です。通報者が自分を特定されることなく、また不利益を受ける心配もなく利用できる環境が整っているか、確認すべきです。「内部通報制度」が会社の利益、いわば「私益」を守る制度であるのに対して、「公益通報者保護法」は国民を守るための「公益」を守るための法律です。両者は、目的は異なりますが、公益通報者保護法の「担当者の守秘義務規制」など、内部通報制度のあり方を考えるうえで参考になります。

④手続きの整備状況

●周知・研修

「社内周知手続」は、内部統制についての会社の取り組みについて従業員に知ってもらうことです。内部統制整備を進める目的、意義などについて、社内報・イントラネットに掲載する、ポスターを貼る、カード、小冊子、パンフレットを配布するなどの努力が必要です。

「研修」は内部統制システムの目的、意識について十分に理解をしてもらうために不可欠です。事例として、株主代表訴訟に関するものですが、従業員が贈賄行為を行ったために会社に損害が生じた事案で、裁判所が、代表取締役が研修を行っていたことを理由に代表取締役の責任が認められる可能性は低いとして、株主に担保を提供するよう命じた例があ

ります（大阪地裁、1996年8月28日決定。担保提供について第10章7節（4）⑤）

●内部監査

内部監査体制についても、適切に整備、運用されているかを確認しておく必要があります。不祥事で社会的糾弾を受けたある会社のトップは「どんなにルールを作り、研修をしても現場の従業員が、焦ってついデータ改ざんをしてしまえば、会社は甚大なダメージを受ける」と慨嘆していました。内部監査は内部統制を支える決め手といえます。

取締役は会社の内部監査部門が、計画的に監査を行っているか、抜き打ち監査などを実施しているか、裏付けを取る監査を行っているか、監査役の助言を得ているか、経営トップに報告しているかなど、監査体制を観察し、必要があれば提言すべきです。「銀行NY支店事件」（前掲）では、銀行の監査部が支店業務を監査するに際して、支店で行っていた取引の保管残高について証券の預け先に問い合わせる「突き合せ調査」を行う体制ではなかったことが、「内部統制システム」の欠陥であったとされています。

(5) グループ全体の内部統制システム

グループ全体の内部統制の整備については、①グループ共通の企業行動基準を作成する、②各社の内部統制担当者、コンプライアンス担当者らの情報交換会議を設定する、③親会社・子会社間で、内部統制システム整備に関する「支援契約」を締結する、④グループ全体をカバーする内部通報制度を整備するなどの対策が考えられます。取締役はこれらの点について観察し、改良すべき点があると感じたときは取締役会で提言すべきです。

(6) 内部統制システムを様々な方法で開示する

内部統制システムをどのように整備しているかについては、様々な形で開示することになっています。株主総会で株主に交付する**「事業報告」**のなかで、業務の適正確保体制に関する決議、運用状況についての記載(会社規118条2号)、有価証券報告書の**「コーポレートガバナンスの状況」**の記載、証券取引所に提出する**「コーポレートガバナンスに関する報告書」**の記載などです。また、財務計算に関する情報については、前述の**「内部統制報告書」**での開示もあります。

第8章

取締役の忠実義務

1 「忠実義務」とは

取締役は会社に対して「忠実」にその職務を遂行する義務を負います。取締役は自分の利益と会社の利益とが衝突するときは、常に自分の利益より会社の利益を優先させるように行動しなければならないのです。これを取締役の**「忠実義務」**といいます（355条）。3委員会型の会社の執行役も同様に忠実義務を負っています（419条2項）。

前章で述べた善管注意義務と忠実義務とは違います。善管注意義務は取締役が職務を遂行するときの、経営のプロとしてのマネジメント「能力」に関する問題であるのに対して、忠実義務は**「会社を裏切らない」**義務であり、人としての「誠実さ」に関わる問題です。たとえば、「工場用地の取得」を取締役会から委任された取締役が、期待に応えられるような申し分のない候補地を見つけられるかが善管注意義務の問題であり、申し分のない候補地を見つけたので会社に黙って自分が買ってしまうのが忠実義務の問題です。

取締役は会社との間に「委任契約」を結んでいますが、委任に関する法律では忠実義務は規定されていません。取締役に対して特に忠実義務が課されるのは、「取締役」は会社に利益を上げることが最大の使命であるところ、様々な利害が交錯するビジネスシーンで活動する仕事なので、会社に対する確固とした誠実さを持ってもらうことが望まれるからです

2 競業取引の規制

(1) 競業取引についての承認制度

取締役は、自己または第三者のために会社の事業とバッティング（競合）する取引をしようとするときは、その件に関する重要な事実を取締役会に開示して、その承認決議を得なければなりません（365条1項、356条1項1号）。「ボードなき会社」では株主総会の承認決議が必要です（356条1項1号）。これを**「競業取引の規制」**といいます。忠実義務の表れです。執行役も同様の規制を受けます（416条4項7号）。会社の利益のために執務してくれるはずの取締役や執行役が競業を行って会社の顧客やマーケットを奪おうとするのですから、会社・株主から見れば許しがたい「裏切り行為」です。

(2)「自己のために」と「第三者のために」

「自己のために」とは、取締役が自分で会社と競合する取引を行う場合です。取締役が、私的に利益を上げようとして、会社に隠れて会社の顧客と取引をするのが典型例です。会社に発覚しないように配偶者などの名前を借りて競業取引していた事例があります。また、取締役が、自分の意のままに動かせる別会社を使って会社と同種の事業を行っていたことが「競業避止義務に違反した」とされた事例もあります(「コンテナ会社事件」名古屋高裁、2008年4月17日判決)。

「第三者のために」とは、別個人の代理人となったり、別法人の代表取締役となったりして、その個人、別法人に利益が入るように競業取引を行う場合です(図表8－1)。

(3) 承認決議の意味

以上からすると競業取引は全面禁止としてもよいのですが、必要な場合もあります。会社がグループ経営を推し進めているときに、会社の取締役が同種事業を受け持つ子会社の代表取締役に就任して事業を行うようなケースです。この場合、その取締役にとって、自

図表 8-1
競業取引の規制

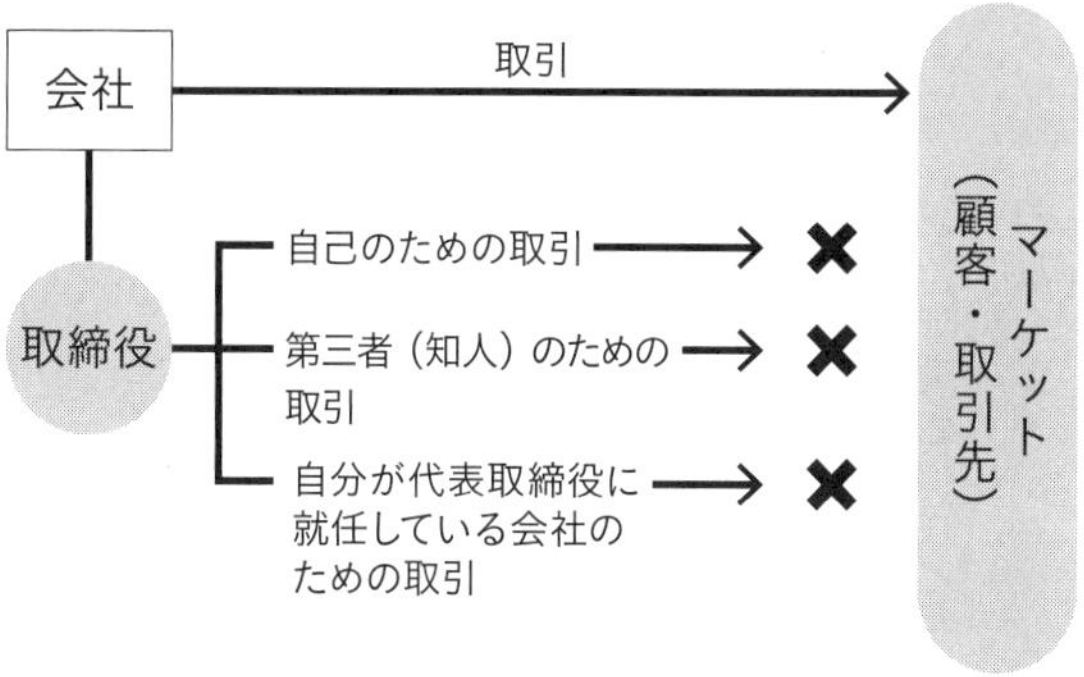

分が代表する子会社と会社との取引は、形式的には「第三者のためにする取引」に該当してしまいます。

けれどもグループ全体の利益を上げるための協働活動ですから、子会社における取締役の活動が会社やグループの利益を害するおそれは、普通はありません。そこで、株主の信任を得ている「取締役会」が検討し、「問題なし」と判断すれば承認することができるとされているのです。

この場合、継続的な取引の全体について「包括的」に承認することができます。ただし、事情が変わることもありうるので「1年間」など期間を区切って承認し、期間経過ごとに報告を受け、再承認すべきです。

承認決議はガバナンス充実の観点から必ず事前に行われる必要があります。法律も競業取引を「しようとするとき」としています（356条1項1号）。承認決議を行う取締役会においては、承認を得る取締役は「特別利害関係人」に当たりますので議決には参加できません（第6章8節）。

公開会社では取締役の競業について事業報告の附属明細書に記載され、開示されます（435条2項、会社規128条2項）。

(4) 100%子会社の場合

取締役は、自分が代表取締役に就任して事業を行う予定の会社が100%子会社である場合も、承認決議は得ておくべきです。判例上は取締役が100%子会社の代表取締役になる場合は親子一体だから承認決議は不要とされています（「食品会社事件」大阪地裁、1983年5月11日判決）。

けれども、子会社に代表取締役として派遣されている取締役が、グループ内での実績評価を上げるために、承認の範囲を超えてビジネスを広げたいといった誘惑があることも事実です。また、株主からそのように見られかねない懸念もあります。前掲の「食品会社事件」も、子会社が親会社の一部門を分離したものであること、原料調達状況、他の役員の状況などを総合的に見たうえで結論として「利害対立はない」としているのであって、単に「100%子会社だから」という理由だけで承認不要としているわけではありません。

そう考えると、子会社の代表取締役に就任する取締役としては、親会社取締役会の承認決議を得ておくべきです。

(5) 開示すべき「重要な事実」

承認を得るに際して取締役会（「ボードなき会社」では株主総会）に開示すべき「重要な事実」は、取締役会が「会社の利益が損なわれないか」を判断するに足りる事実です。具体的には、スポット取引であれば取引の対象、金額、継続的取引であれば、取引の種類、商品・サービスの内容、営業地域、顧客層、予想される取引規模などです。

(6) 競合する範囲

競合する取引とはどこまでをいうのでしょうか。法律は「会社の事業の部類に属する取引」と表現しています（356条1項1号）。マーケットで会社と競合する「可能性」のある取引が対象となります。

従って、会社が現に行っている事業以外に、「会社が計画している事業」も含みます。東京に本社があり関東一円を販売地域としている製パン会社の取締役が、関西で個人的に製パン会社を設立して事業活動をした事案があります。このケースで裁判所は、会社が関西の市場調査を行うなど、関西に進出する「企図」を持っていたことを指摘して、「会社の営業の部類に属する取引をしてきたことに外ならない」として競業行為になるとしました（「製パン会社事件」東京地裁、１９８１年3月26日判決）。

(7) 取締役会への報告

競業取引を行った取締役は、「取引後、遅滞なく」、その取引に関する重要な事実を取締役会に報告しなければなりません（３６５条2項）。承認を得ていなかった場合でも報告義務はあります。

取締役が報告すべき内容は、取締役会がその監督機能を果たせるように、「不適正な競業行為が行われていなかったか」を判断するのに足りる情報です。子会社の代表取締役として期間を区切って包括的な承認を得て競業取引を行ってきた場合は、承認時と特に状況は変わっていないことを報告すれば十分です。

(8) 承認なき競業取引と損害額の推定

以上のルールに違反して、取締役会の承認決議を得ることなく競業行為を行った取締役、執行役は、会社に対して損害賠償をしなければなりません。その取締役、執行役、第三者(取締役が代表している法人など)が競業行為で「利益」を得ていたとき、その利益は会社が被った「損害額」であると推定されます(**「損害額の推定」**423条2項)。

「推定」とは、「そうではない」ことを、証拠をそろえて立証できない限り、「そうである」として裁判所で扱われる訴訟上の決まりをいいます。競業行為で会社がマーケットを奪われるなどでどれほど損害を被ったかは、実は、算定も立証も大変です。そこで推定規定が置かれています。

3 利益相反取引の規制

(1) 利益相反取引の規制

①直接取引

取締役は、自己または第三者のために会社と直接、取引をしようとするときは、重要な事実を取締役会に開示して取締役会の承認決議を得ることが必要です（365条1項、356条1項2号）。こうした取引を**「直接取引」**といいます。「ボードなき会社」の場合は株主総会の承認が必要です（356条1項2号）。

「自己のため会社と取引する」とは、たとえば取締役が自己所有の土地を会社に買ってもらう場合です。このとき取締役は「個人」としてはできるだけ高く買ってもらいたい立場にあり、他方、「会社の取締役」としては株主のためにできるだけ安く買うべき立場にあります（図表8－2）。このように一人の取締役のなかで、利益が相反する立場が生じることを**「利益相反」**といいます。

図表 8-2
直接取引

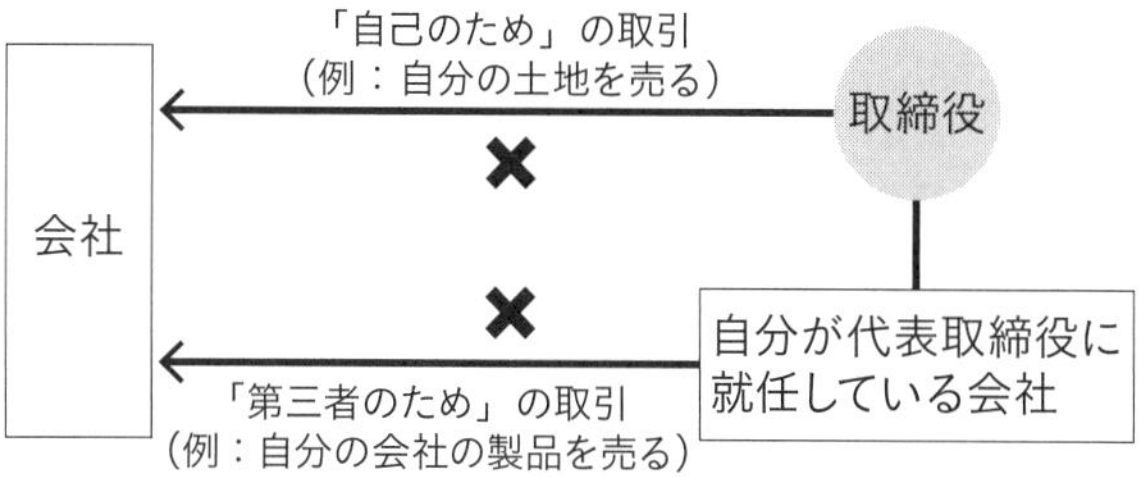

「第三者のため会社と取引する」とは取締役が別の法人の代表者、別の人の代理人として直接会社と取引を行うということです。取締役が、自分が代表取締役を務める会社の所有する土地を会社に買ってもらう場合です。このときも利益相反の状態になります。そこで取締役会の承認決議が必要とされています。

②間接取引

利益相反の状態は、取締役個人の銀行借入について会社が保証契約する例のように、契約自体は会社と銀行の間で行われるのですが、そのメリットが間接的に取締役に及ぶ場合にも生じます。こうした取引を「**間接取引**」と呼び、やはり利益相反状態になるので、重要な事実を取締役会に開示して承認決議を得ることが必要です（365条1項、356条1項3号）。「ボー

図表 8-3
間接取引の例

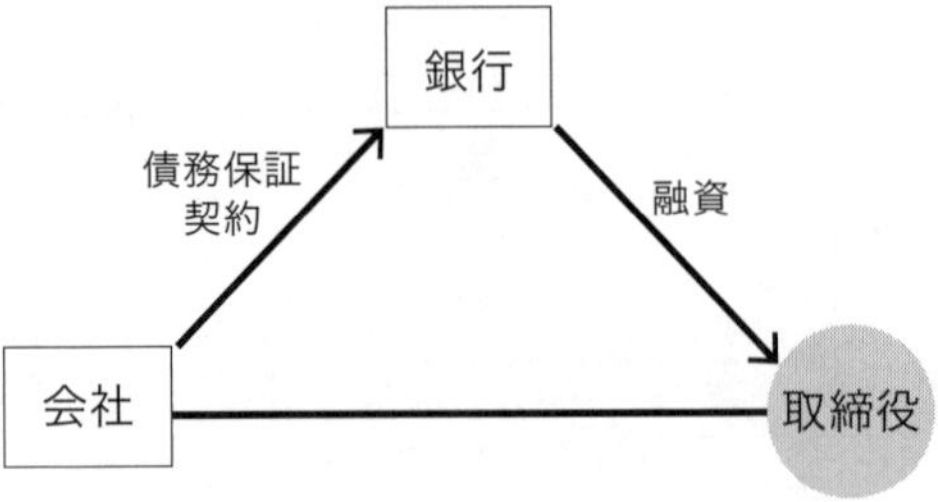

ドなき会社」では株主総会の承認が必要です（356条1項3号）。

執行役も、以上の直接取引、間接取引について同様の規制を受けています（416条4項7号、419条2項）。

(2) 承認決議

取締役会の承認決議は事前に得るべきです。事後承認でもよいという判例はありますが（東京高裁、1959年3月30日判決）、ガバナンス徹底の観点からは好ましくありません。承認決議の際、当の取締役は特別利害関係人に該当します。取締役会で開示すべき重要な事項は、スポット取引であれば取引の対象、金額、継続的取引であれば、取引の種類、商品・サービスの内容、営業地域、顧客層、予想される取引額などです。

また、競業取引規制と同じ趣旨で、利益相反取引についても、一定期間を区切って包括的な承認を行うことは許されます。グループ経営を展開する場合、親会社の取締役がグループ会社の代表取締役に就任する事例は、日常的にあります。そうしたときに、個々の取引ごとに承認決議を行うことは無理です。株主としても取締役会を通じて実質的なリスク管理ができれば安心です。

(3) 報告義務

利益相反取引を認めてもらった取締役は、取引後、遅滞なく取引に関する重要な事項を取締役会に報告しなければなりません(365条2項)。一定期間の包括承認が認められるのですから、報告も期間経過ごとの定時報告で足ります。期間中であっても、事情に変化が生じたときは、速やかに取締役会の承認決議を取り直すべきです。

(4) 社外取締役への執行委託

第3章で述べたように、取締役が利益相反の状況にあるとき、その他、取締役が業務を

図表8-4
MBOにおける利害状況

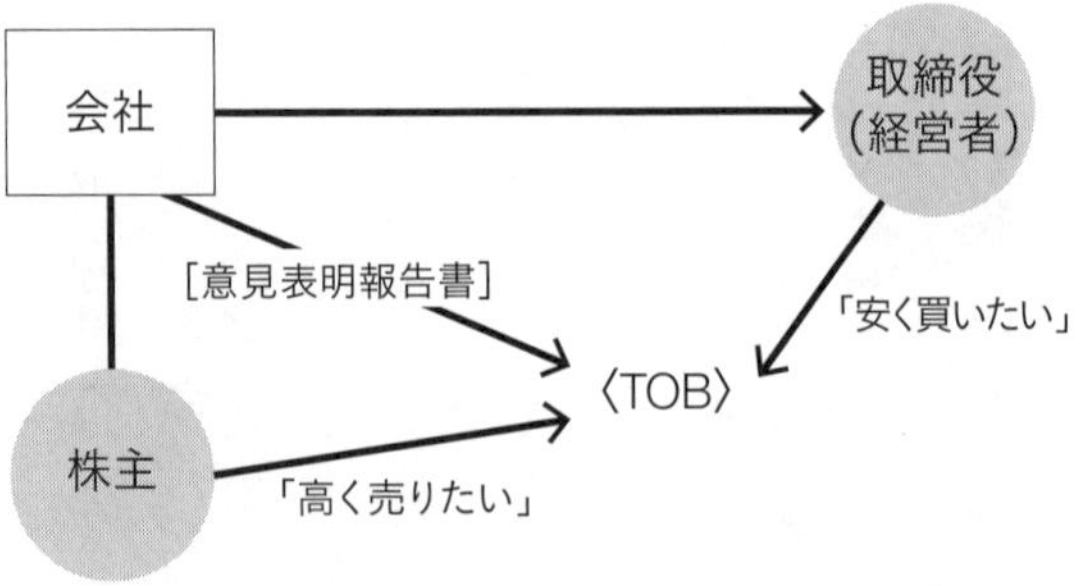

執行することにより株主の利益を害するおそれがあるときは、会社は取締役会決議をもって社外取締役に業務執行を委託することができます（348条の2第1項）。執行役の場合も同様です（416条4項6号）。

たとえば、**MBO**（Management Buyout：経営者による企業買収）が行われるとき、株主から委託を受けている「会社の取締役」としては、株主のためできるだけ高く株式を売るべきです。これに対して、買収側経営陣の取締役としては、できるだけ安く株式を買いたいところです。このように株主と経営陣取締役との間に利益相反状況があるなかで、「会社」としてはMBOのために行われる公開買付（TOB）が行われるとき、これに対する「意見表明報告書」を提出する義務があります（金商法27条の10）。こうした状況下では、社外取締役に会社側取締役としての業務執行を委託することが考えられます。

（5）損害賠償

①損害賠償義務

取締役が以上の規制に違反して、取締役会の承認を得ることなく利益相反取引を行ったときは、承認を得なかったこと自体が法令違反であり、「任務を怠ったとき」に該当しますので、その結果、会社に対して生じた損害を賠償する責任を負います（423条1項）。

②任務懈怠の推定

会社法は「利益相反取引」がきわめてリスクの高い行為であることを重く見て、取締役会の承認を得ない場合はもちろん、たとえ承認決議を得た場合であっても、会社に損害が生じたときは、ⓐ当の取締役、ⓑその取引を決定した取締役、執行役、ⓒ承認決議に賛成した取締役たちは「任務を怠ったものと推定する」としています（423条3項）。

「推定」とは第6章11節に述べたとおりです。対象とされた取締役は自分の決定、決議が、善管注意義務に照らして、間違っていなかったことを証明しなければなりません。

承認決議に参加する取締役としては、「賛成すると、万一、会社に損害が発生したら、自分は過失がなかったことを立証しなければならない」と意識し、気を引きしめて決議に参加すべきです。包括承認の場合は、当該取締役の定期的な経過報告も十分に注意して聞くべきです。

③自己のためにした取引は無過失責任

取締役が「自己のためにした取引」（第三者のための取引は除外）に至っては、会社に損害が生じたときは、仮に過失がなかったとしても責任を負う「無過失責任」とされており、非常に厳しい規定になっています（428条1項）。

④監査等委員会の承認権

任務懈怠の「推定」規定は、監査等委員会型の会社では、監査等委員でない取締役が監査等委員会の承認を受けて取引を行ったときは適用されません（第4章1節、423条4項）。監査等委員会は「一定の監督機能」として利益相反取引についての実質的な承認権を持っているのです。

4 その他の忠実義務

(1) 会社の信用と秘密を守る義務

会社の信用と秘密を守るのも取締役の忠実義務の一つです。会社の利益を守ることが忠実義務なのですから、当然のことです。実例として、生命保険会社の常務取締役が、退任後、雑誌に会社に関する情報を提供し、「(現社長体制の) 重大危機」といった記事が報道されたことにより、この生命保険会社の企業年金保険契約におけるシェアが低下したケースがあります。裁判所は、①取締役は忠実義務の一内容として守秘義務を負っている、②信義則上、取締役退任後も守秘義務は残ると判断したうえで、名誉棄損が成立するとして元常務に対してシェア低下による損害など2億5574万円の賠償を命じました (「生保告発事件」東京地裁、1999年2月15日判決)。

取締役を退任した後も守秘義務が残るという裁判所の判断は厳しいようですが合理的で

す。退任した翌日から何でも世間にしゃべってしまうような取締役を、会社・株主は、到底信頼することはできません。

(2) インサイダー関連行為の禁止

①インサイダー取引の禁止

上場会社の取締役はインサイダー中のインサイダーですから、株価が動くような未公開の会社情報（「**インサイダー情報**」）を使って会社の株式を取引する「**インサイダー取引**」の規制対象になります（金商法166条1項）。株主からの信任を得て企業価値向上のために執務すべき取締役が、私的利益のために会社の情報を使うのは株主に対する裏切り行為であり、忠実義務に違反します。インサイダー取引には刑事罰が科されます（第10章10節）。

②短期売買利益の返還義務

上場会社の取締役は、自社株の売買を行い、6カ月以内に反対売買をして利益が出たときは、その利益を会社に差し出さなければなりません（「**短期売買利益の返還義務**」金商法164条1項）。取締役は普段、個人投資家に向けて「長期安定株主になってください」と言っているのに、自身は短期で株取引をしているのは、私的利益を上げることに汲々としているようで株主の信頼に反します。そこでインサイダー情報を使ったか否かを問わず、一律に利益を会社に差し出すようにしたのです。会社が請求しないときは株主が会社に代わって請求できます（同条2項）。

③情報伝達、推奨の禁止

上場会社の取締役などインサイダーは、他人に対して利益を得させる目的、または損を免れさせる目的で、インサイダー情報を他人に伝達すること（伝達罪）、インサイダー取引を勧めること（推奨罪）を禁止されています（金商法167条の2）。違反行為には刑事罰が科されます（第10章10節）。

（3）会社の経営資源を守る義務

会社の人材など経営資源を守るのも取締役の忠実義務の一つです。実例として、コンピュータ事業に進出する計画を持つ会社のコンピュータ事業部長取締役が独立を計画し、在任中に部下のシステム・エンジニアに独立後の新会社への参加を呼びかけ、新会社に部下たちを移籍させた事案があります。裁判所は、システム・エンジニアなど人材を派遣する業務にあっては、「この種の人材は会社の重要な資産」であるとし、「人材を自己の利益のためにその会社から離脱させるいわゆる引き抜き行為をすることは、会社に対する重大な忠実義務違反」であるとして、引き抜かれた人材体制を回復できるまでの間、会社が失った利益相当額（「逸失利益」）を賠償するように命じています（「部下引き抜き事件」東京高裁、１９８９年10月26日判決）。会社の取締役を辞任したうえで、別会社で競業行為を行うことはもちろん自由ですが、その場合でも、先に述べた前の会社の秘密を守る義務は残っています。

第9章

取締役と報酬

1 報酬等は「定款または総会」で決める

(1) 報酬等規制の趣旨

取締役が職務執行の対価として会社から報酬、賞与など財産上の利益(「報酬等」)を受け取るためには、所定の事項について、「定款」に定めがあるか、「株主総会で決議されること」(普通決議)が必要です(361条1項)。報酬等についてこうした厳重な規制がなされている趣旨について判例は「お手盛りの弊害防止」と表現しています(最高裁、1985年3月26日3判決)。

報酬等規制の趣旨は、第1に、取締役に対する実質的な委任者である「株主」が、自分たちが選任した取締役の報酬等をも決定するのが筋論だという「株主主権」の考え方にあります。

第2は、「報酬等」については、支払う側の会社・株主は「リーズナブルな報酬」を望み、支払いを受ける側の取締役は「より高い報酬」を望みます。「会社」といっても報酬

図表 9-1
報酬等の支払いにおける関係

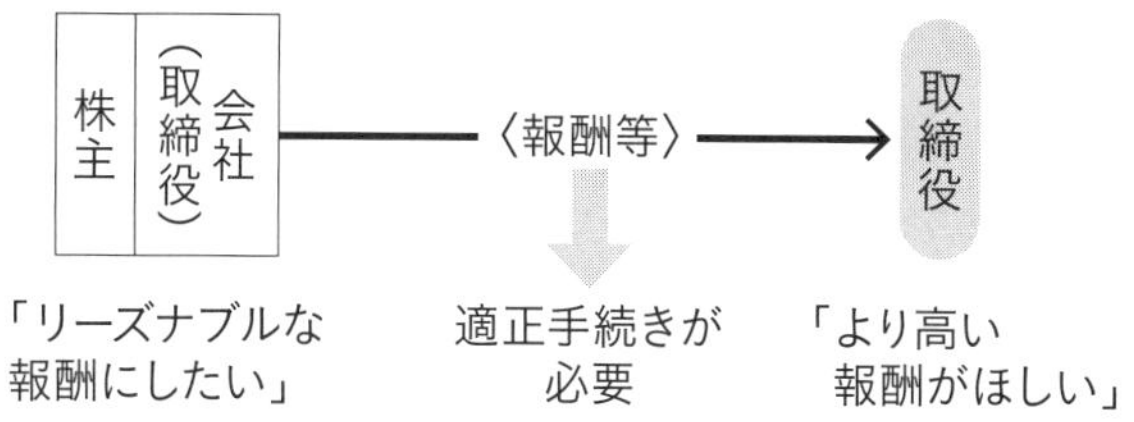

等決定に関与するのは取締役会ですから、「取締役」の中に支払い側と支払いを受ける側と両方が併存することになり、「利益相反」の状況が生じます（図表9－1）。

その点を踏まえて法律は「定款または株主総会の定め」という厳重な手続きとしたのです。正しい目的を達成するための適正な手続きを**「デュープロセス」**（Due Process：**「適正手続き」**）といいます。株主から見ても、取締役から見ても、「適正な報酬等」とするための厳重な報酬等規制であり、デュープロセスの考え方に基づく規制です。CGコードも、取締役会は「客観性・透明性ある手続きに従い報酬制度を設計」することを求めていて、「手続き」の重要性を指摘しています（補充原則4－2①）。

(2) 取締役として報酬規制をどう受け止めるか

従って、取締役としては報酬等規制を「デュープロセスである」と受け止め、徹底して法令、判例に従って手続きを守ることが適切な対応の仕方です。また、「不当な報酬ではないか」といった批判から自分を守ることにつながります。万一、報酬等の支払いについて裁判になったときは、金額の妥当・不当よりは、「適正な手続きが踏まれたか」が争点とされやすいと思われます。妥当・不当は「高すぎるか?」という「評価の問題」であり、判断に幅があるのに対して、適正手続きが踏まれているか否かは「事実の問題」であり、判定も明確で、裁判所も判断しやすいからです。

監査役型の会社、監査等委員会型の会社でも、任意で**「報酬委員会」**を設置する会社が増えています。CGコードも独立社外取締役を主要な構成員とする指名委員会、報酬委員会の設置を求めています(補充原則4-10①)。その趣旨は株主に、また裁判所にも見える形でデュープロセスを実践することにあります。

なお、定款で報酬等を定める例はほとんどないので、以下では、株主総会の決議を中心とする手続きについて整理します。定める内容は、定款による場合も同じです。

2 株主総会で定めるべき事項

(1) 確定額報酬タイプ

①株主総会で総額を決議

3委員会型以外の会社では株主総会の決議によって取締役の報酬を決定します。総会の決議の方法は、以下の報酬等の4つのタイプごとに異なります。

金額が確定している報酬等（**「確定額報酬タイプ」**）では、その「金額」を株主総会で決めます（361条1項1号）。実際は、株主総会では取締役全員の報酬総額の最高限度額を定め、各取締役への配分は取締役会決議に委ねるという決議を行っています。こうした総会決議は適法だとされています（前掲、最高裁、1985年3月26日判決）。こうした方法で一度定めておけば、最高限度額を改定するまでは総会決議を改めて得る必要はありません。

株主総会から委任された取締役会も、多くの場合、「具体的な配分は社長に一任する」

などとして、さらに一人の取締役に委ねています。このような「再委任決議」も有効とされています（最高裁、１９８３年2月22日判決）。そうなると結局、株主総会で決められた「総額」の範囲内とはいえ、経営トップが他の取締役の報酬を自由に決定できるように見えるので、デュープロセス上の疑問が生じます。そこで、後述の**「報酬等決定方針」**に再委任を受ける者、再委任の内容などについて記載することでデュープロセスを保つ仕組みになっています（会社規98条の5第6号）。

②使用人（従業員）兼務取締役の場合

「取締役営業部長」のように「使用人兼務取締役」の場合、判例は、ⓐ使用人の給与体系が明確に定まっていること、ⓑ実際にそれによって給与が支給されていることを条件として、株主総会では、「使用人分は含まれていない」と明示したうえで取締役として受け取る報酬等の額のみについて決議することを適法だとしています（前掲、最高裁、１９８５年3月26日判決）。

(2) 不確定額報酬タイプ

「業績連動型報酬」のように金額が確定していない「**不確定額報酬タイプ**」についてはその「算定方法」を株主総会で決議します（361条1項2号）。取締役のインセンティブとするための報酬タイプです。

(3) 株式関連報酬タイプ

金銭でない報酬タイプの一つとして、会社の株式に関連する財産上の利益を報酬等とする「**株式関連報酬タイプ**」があります。株式関連報酬は金銭でない報酬の一種ですが、会社法は（4）の非金銭報酬タイプとは別個に規定しています。株式の価値は企業の実績、企業価値を反映しますから、株式関連報酬は取締役にとってインセンティブとなります。

株式関連報酬タイプについては、株主総会の決議内容について、細かく規制されています。①会社の募集株式（新株や自己株式の処分）を報酬等とする場合（「**株式報酬**」）は、その数の上限、譲渡の条件など（361条1項3号、会社規98条の2）、②会社の募集新株予約権を報酬等とする場合（「ストックオプション」）は、その数の上限、権利行使価額、権利行使期間、取締役への割り当て条件など（同条1項4号、会社規98条の3）、③会社の募集株式、募集新株予約権の払込金に充てるための金銭を報酬等とする場合は、株式についてはその数の上限、譲渡条件など、新株予約権についてはその数の上限、権利行使価額、権利行使期間、取締役への割り当て条件など（同条1項5号、会社規98条の3、同4）です。

（4）非金銭報酬タイプ

株式関連報酬以外の金銭でない報酬（「非金銭報酬タイプ」）については、その具体的な内容を株主総会で決議することになっています（361条1項6号）。取締役に対する割安賃料による「社宅」提供が非金銭報酬の例として挙げられます。しかし、取締役として活動するために必要なものとして会社が福利厚生の一環として負担しているのであって「報酬ではない」という考え方もあり、意見は分かれています。

そのため現状では、「念のために総会決議を得ておく」という色彩が強く、決議している会社は少数です。決議する場合は、「取締役には、社宅使用料を徴収したうえで社宅を提供するものとし、会社が負担する費用は総額で月額100万円以内とする。対象となる取締役は○名である」といった形で総会決議を行うことになります。

3　株主総会での株主に対する説明

以上の4タイプのいずれについても、報酬等を定める議案、または報酬等を改定する議案を株主総会に提出した取締役は、株主総会で、「なぜ、そのタイプの報酬が相当であるのか、その理由」を説明しなければなりません（361条4項）。株主の理解を得るという目的のために、手続きとして取締役に「説明責任」を課したもので、報酬等規制のデュープロセスの一環です。取締役会設置会社の場合、会社提案の議案は取締役会が決定し（298条4項）、代表取締役が総会に提出するのですから、総会で説明するのは代表取締役です。

4 取締役会で「報酬等決定方針」を定める

(1)デュープロセスの充実

取締役の個人別報酬の決定を取締役会に委ねる場合、①監査役会設置会社であり、有価証券報告書を提出する義務を負っている公開・大会社、および、②監査等委員会型の会社は、「取締役の個人別報酬等の内容についての決定方針」(「報酬等決定方針」)を、定款、または取締役会で定めなければなりません(361条7項)。デュープロセス充実のためです。ただし、監査等委員取締役の個人別報酬等の決定は監査等委員間の協議で定められるので、除外されます(同条3項)。①の会社は社外取締役の設置が義務付けられている会社であり、②の監査等委員会型の会社は社外取締役を前提とする会社です。法律の趣旨は、取締役会で方針について審議する際に、「社外取締役」が関与してくれることで、公正な決定方針の策定が期待できるという趣旨です。

（2）定めるべき内容

定款、または取締役会決議で定めるべき内容は、①個人別報酬等で業績連動報酬や株式関連報酬タイプを除く報酬等については、その額、または算定方法に関する方針、②業績に連動する報酬等については業績指標の内容、額または数の算定方法に関する方針、③募集株式・募集新株予約権その他の非金銭報酬タイプについては、その内容、額または算定方法に関する方針、④個人別報酬等における①②③の報酬等の割合に関する方針、⑤取締役に報酬等を与える時期、条件の決定に関する方針、⑥個人別報酬等の決定の全部または一部を取締役その他の第三者に再委任する場合は、再委任を受ける者の氏名、地位、担当、再委任の内容などに関する決定方針です。⑥については、この章の2節（1）①で説明しています。

5　退職慰労金・死亡弔慰金

退職慰労金は「退職所得控除」があるなど、取締役個人にとって報酬より税務上、有利となっているため実務ではまだ多く実施されています。
取締役に対する**「退職慰労金」**は在職中の職務執行の対価ですから、報酬であり、定款の定めか株主総会の決議が必要です（最高裁、1981年5月11日判決）。実務では、退職慰労金の額が明示されることを避けるため、**「退職慰労金支給基準」**を定めておき、株主総会では「支給基準によって支払うこととし、その具体的金額、支払い時期、支払い方法については取締役会に一任願いたい」という形の決議を得ています。判例はこのような決議も有効としています（最高裁1973年11月26日判決）。
ただし、その「支給基準」が本店に備えてあり株主が営業時間内なら見られるようにしてあるなど、適切に開示されているか、株主総会参考書類に記載されていることが条件です（会社規82条2項）。
取締役が亡くなったときの**「死亡弔慰金」**も「在任中の功労に報いる」ものですから、やはり職務執行の対価であり「報酬」です。遺族に支払う際には、定款の定めか株主総会の決議が必要です。

6 総会で決定したら減額はできない

株主総会で取締役の報酬総額の上限を定め、その一任のもとに取締役会がある取締役の月額報酬額を具体的に決めた場合は、その後、株主総会が、その取締役の報酬を「無報酬とする」という決議をしたとしても、その取締役の「同意」がない限り、その取締役は報酬請求権を失わないという判例があります（最高裁、1992年12月18日判決）。初めの総会決議の「委任」をもとに取締役会が取締役の報酬額を具体的に決めたとき、会社と取締役との間には「報酬契約」が成立したのです。したがって、その内容を変えるには「新しい報酬契約」をしなければならず、たとえ株主総会決議をもってしても、取締役の報酬請求権を一方的に奪うことはできないのです。

7 監査等委員会型の会社の特別ルール

(1) 報酬等に関する総会決議

監査等委員会型の会社では、監査等委員である取締役とそれ以外の取締役とを区別して、定款で定めるか、株主総会の決議を得る必要があります（361条2項）。監査機能と一定の監督機能を受け持つ監査等委員とそれ以外の取締役とでは職務が異なるので区別して、それぞれに株主の意向を確認するのです。監査等委員の報酬配分について定款の定めも総会決議もないときは、監査等委員の協議で定めることになっています（同条3項）。

(2) 報酬について意見を述べる権利

監査等委員は、株主総会で監査等委員の報酬等について意見を述べる権利があります（361条5項）。また、監査等委員会の選定を受けた監査等委員は、監査等委員でない取締役の報酬について**「意見陳述権」**を持っています（同条6項）。監査等委員でない取締役の報酬に対する一定の監督機能を発揮するためです。

8 3委員会型の会社の報酬委員会の権限

3委員会型の会社では、「報酬委員会」が取締役・執行役（会計参与が置かれているときは会計参与も）の個人別報酬を決定します。「使用人兼務執行役」については使用人としての「給与」まで報酬委員会が定めます（404条3項）。執行役に対するガバナンスを強化するためです。

報酬委員会は**「報酬等決定方針」**を定め、それに従って個人別に具体的に決定します（409条1項、2項）。

9　報酬等の開示

(1) 事業報告による開示

公開会社は取締役など役員に支払った報酬等について、事業報告の「役員に関する事項」として株主に開示することを義務付けられています（435条2項、会社規119条2号、121条）。開示を求められるのは、取締役、監査等委員、監査役、会計参与、執行役など役職別の報酬等総額、また業績連動、非金銭報酬等などタイプごとの内容、報酬等決定方針の内容、特に「再委任」に関する事項などです。

(2) 有価証券報告書による開示

有価証券報告書の提出義務を負っている会社は、有価証券報告書で、役職別に報酬等のタイプごとに開示することになっています。特に、報酬額が1億円以上の役員は個別開示を義務付けられています（企業内容等の開示に関する内閣府令）。

第10章

取締役の法的責任

1　取締役の「法的責任」と「社会的責任」

取締役は、第7章、第8章で述べたように、様々な「法的義務」に囲まれています。取締役は、これらの法的義務に違反すると、民事的には損害賠償などの負担を課され、刑事的には刑事罰を科される可能性が出てきます。このように法的義務に違反したときに、法に基づいて、最終的には国家機関である裁判所や法の執行機関によって強制的に取締役に課される負担や制裁を**「法的責任」**といいます。

これに対して、「社会的義務」に違反したとき、取締役は株主や社会の非難にさらされ、それに応えるべく、謝罪、報酬の返上、辞任など、様々な自主的対応を迫られ、執行担当者としての地位についても降格など、社内処分を受けます。こうした負担を取締役の**「社会的責任」**といいます。

この章では取締役の法的責任について整理します。

2 「民事責任」と「刑事責任」、その手続きのちがい

(1) 民事責任の手続き

法的責任は民事責任と刑事責任とに分かれます。取締役に対して民事責任を追及するのは、会社、株主、会社債権者、被害を受けた一般の人々などです。多くの場合、いきなり「裁判」ではなく、責任追及者と取締役との間で法的義務違反の有無をめぐって論争が行われ、「違反あり」となれば、民事責任の取り方について協議が行われます。協議がまとまると追及者と取締役との間で「和解契約」が結ばれます。協議がまとまらないときは、普通は追及者側が**「原告」**となり、取締役が**「被告」**となって民事裁判が行われます。例外的に取締役の側から「法的責任はない」と裁判所に認めてもらう裁判を「原告」となって起こすこともあります。

裁判の途中でも原告、被告の間で話し合いによって解決されることもあります。これを**「訴訟上の和解」**といいます。

(2) 刑事責任の手続き

①訴えるのは検察官

刑事責任の場合は取締役の責任を追及するのは**検察官**です。警察、検察官による捜査手続きを経て、検察官は必要と判断すれば、国家の訴追権に基づいて、民事事件の原告のように有罪判決と処罰を求めて、取締役を**「被告人」**(捜査段階では「被疑者」)として、刑事裁判を提起します。これを「公訴の提起」または**「起訴」**といいます。裁判所での審理が行われると、裁判所は有罪か無罪の判決を言い渡します。有罪の場合は刑事罰の内容、刑の執行を猶予するか否かも示します。

②司法取引

刑事責任の手続きでは以前は検察官と取締役との「協議」はなかったのですが、2018年から**「司法取引」**が導入されています。**「特定の犯罪」**の被疑者・被告人は、他人の刑事事件について捜査協力をすることを条件として、起訴されないこと、起訴されているときは起訴が取消しとなるなどにつき検察官と「合意」することができる制度です

（刑事訴訟法350条の2第1項）。「特定の犯罪」のうち取締役に関連するものとして、会社法、租税関連法、独占禁止法、金融商品取引法、不正競争防止法など、経済犯罪に関する法律が指定されています（同2項3号、同2項3号の罪を定める政令）。

実例として、自動車メーカー会長の有価証券報告書虚偽記載の被疑事件について、専務執行役員らが司法取引を行った事案（「会長虚偽記載被疑事件」2018年）、アパレル会社代表取締役の業務上横領被疑事件について従業員が司法取引をした事案などが報じられています（「アパレル横領事件」2019年）。

3 取締役としての法的責任への備え

(1)「適法経営」「適正経営」を貫く

取締役は、こうした民事責任・刑事責任を問われる事態とならないようにするためには、なんといっても法令を順守する「適法経営」、社会の良識・コンプライアンスを尊重する「適正経営」を貫くことです。

(2) 証拠となる資料を保存する

民事手続きであれ、刑事手続きであれ、裁判は「証拠がすべて」です。なかでも「証拠となる書類」が大切です。紙媒体でもデータでもよいのです。裁判手続きが起きる事態は避けるべきですが、万一、裁判になった場合にも、自分の正しさを十分に立証できる資料を普段から用意しておくことが大切です。「ドキュメント」の意味を思い出してください(第7章9節(5)⑦)。そのためには、内規などで定められている手続きをきちんと踏み、善管注意義務・忠実義務を果たし、節目ごとに文書化しておくことです。そうした備えをしたうえで、執務に専念するのが取締役としての理想的なあり方です。

(3) 弁護士の知人を得ておく

取締役自身が個人的に法的責任を追及されるときは、ほとんどの場合、会社の顧問弁護士に対応を依頼することはできません。取締役の法的責任は「会社」に対する責任が中心ですから、責任追及の場面では取締役と会社とは対立関係になることが多いからです。そこで、取締役となったときから、個人的に相談できるよう、弁護士の知人を得ておく必要があります。

4 取締役の会社に対する責任

(1) 任務懈怠責任

①「任務を怠ったとき」

取締役は、「その任務を怠ったとき」は、会社に対して「これによって生じた損害」を賠償する責任を負います(423条1項)。取締役の会社に対する民事責任の基本ルールです。会計参与、監査役、執行役、会計監査人も同様の責任を負っています。

「任務を怠ったとき」(法律用語は**「任務懈怠」**)とは、ある人が任務を全うできず、そのことについて**「故意」**(知りながら)または**「過失」**(ミス)があることを意味します。取締役の「任務」、言いかえれば「義務」は、注意深くあれという「善管注意義務」(第7章)と、会社を裏切るなという「忠実義務」です(第8章)。客観的に見て取締役に、善管注意義務違反、忠実義務違反に該当する状況があり、その点について取締役に「故意」

図表 10-1
取締役の民事責任

- 取締役の民事責任
  - 会社に対する責任
    - 任務懈怠責任
      - 善管注意義務違反の責任
      - 忠実義務違反の責任
    - 特別責任
      - 利益供与責任
      - 法に反する剰余金配当責任
      - 欠損填補責任
  - 会社以外の第三者に対する責任
    - 会社法に基づく、対第三者責任
    - 一般の不法行為に基づく責任

「過失」があったとされれば、賠償責任など民事的な負担が生じるのが原則です。

②「これによって生じた損害」

ただし、取締役が賠償しなければならない「損害」の範囲は無限ではありません。社会常識的に見て、その任務懈怠行為と損害との間に関連があると考えるのが相当な範囲です。このように、責任の範囲をある事象と結果との間に常識的に見て関連があるといえる範囲に限定する考えを**「相当因果関係論」**といいます。因果のつながりを常識的な範囲に限定し、その範囲が取締役の賠償責任の対象となるのです。「これによって生じた損害」にはそうした意味が込められています。

(2) 忠実義務違反の責任についての特別ルール

①承認なき競業取引では損害額が推定される

取締役の任務懈怠責任のなかでも「忠実義務違反」の責任については、いくつかの厳しい特別ルールがあります。まず、取締役が取締役会（ボードなき会社では株主総会）の承認を得ないで会社と競業する取引を行う、**「承認なき競業取引」**の賠償額は、取締役が得た「利益額」が会社の損害額だと「推定」されます（第8章2節、423条2項）。

②利益相反取引で損害が発生したときは任務懈怠ありと推定

取締役が自分のため、または第三者の代理人・代表者として会社と「直接取引」「間接取引」行った場合は、たとえ取締役会（ボードなき会社では株主総会）の承認を得て行った取引であろうとも、会社に損害が出たときは、ⓐ取引をした当の取締役・執行役、ⓑ取引の決定をした取締役・執行役、ⓒ承認決議に賛成した取締役たちは、任務懈怠があったと「推定」されます（第8章3節、423条3項）。前述したように、監査等委員会型の会社では、利益相反取引について監査等委員会が承認していれば「任務懈怠推定」のルールは適用されません（423条4項）。

③自己のためにした利益相反取引は無過失責任

さらに、取締役（執行役も）は、第三者の代理人・代表としてではなく、「自己のために」会社と直接取引をしたことで会社に損害が生じたときは、たとえ「過失」がなかったと証明できても賠償責任を逃れることはできません（428条1項。**「無過失責任」**）。そのうえ、取締役（執行役も）に対しては8節に述べる「責任軽減の制度」は適用されません（同条2項）。

（3）「利益供与」に関する取締役の責任

①利益供与の禁止

会社法は、取締役の会社に対する責任として、任務懈怠責任以外にも特別な責任を規定しています。その第1は「利益供与」に関する責任です。会社は「株主の権利行使」に関連しては、誰に対してであっても、会社や子会社を通じて財産的な利益を供与することを禁止されています（120条1項、**「利益供与の禁止」**）。株主の権利行使が公正に行われることを守るための規定です。

「利益供与」の事例として、株主総会の招集通知とともに株主に送ったハガキに、議決権を行使した株主には500円相当の「Ｑｕｏカード」を進呈することを記載し、「ぜひとも、会社提案にご賛同のうえ」と書き添え、実際にカードを送ったことが「利益供与」に該当するとされた事案があります（「マイクロレンズ会社事件」東京地裁、2007年12月6日判決）。

②民事責任

利益供与禁止に関与した取締役・執行役は「供与した利益に相当する額」を会社に支払う義務を負います（120条4項）。利益供与があったとき、法律上、会社は供与した相手に対して「供与した金銭を返せ」と請求できることになっています（120条3項）。けれども、不当な利益を要求したような相手がおいそれと返還するとは思われません。そこで、関与した取締役・執行役にこうした支払い義務を課しているのです。

会社に現に損害が生じているかは問題としないので、損害賠償責任ではなく、特別の民事制裁、ペナルティです。供与した取締役以外の取締役は「注意を怠らなかった」と立証に成功すれば、この支払い義務は免除されます（120条4項ただし書）。供与した取締役は無過失責任です。

この責任は「総株主の同意」があれば免除されます（120条5項）。しかし、株主数の多い会社で全員の同意を得ることはきわめて困難です。

(4) 財源規制違反の剰余金配当等に関する取締役の責任

①財源規制の趣旨

取締役の会社に対する特別責任の第2は、会社が法に反して剰余金を配当した場合の支払い責任です。会社は株主に剰余金の配当を行うとき、会社法・会社法施行規則に法定された方法で算出される**「分配可能額」**を超えて配当することは許されません（461条1項8号）。これを**「財源規制」**といいます（分配可能額規制ともいう）。一部の株主としてはより多い配当は望むところかもしれませんが、無制限に許すと会社の財産が減少し、会社と取引をしている債権者は万一のときの債権回収に支障をきたすことになります。そこで債権者を守るために財源規制が設けられています。また、株主としても無理をした一時的な配当よりは、会社が健全に持続するほうを望むはずです。

②取締役の責任

仮に財源規制に反して株主に金銭を配当したとき、会社は株主に返還を求めることができますが、実際上は困難です。そこで、ⓐ財源規制に反する剰余金配当の業務を執行した取締役・執行役、ⓑその配当議案を株主総会に提案した取締役、ⓒ取締役会に配当議案を提案した取締役らが、会社に対して連帯して、株主に交付したのと同額の金額を支払うこととされています（462条1項）。会社の債権者を守るために取締役らに課された特別な民事責任です。ⓒには、定款の規定で、取締役会限りで配当できるとした会社の取締役会（第3章3節（2）③）も該当します。

ただし、取締役・執行役は、過失がなかったことを証明すれば責任を免れることができます（461条2項）。なお、実際の分配可能額の範囲までであれば「総株主の同意」によって責任の免除がなされることになっています（462条3項）。

この規制は、自己株の取得のうち、株主との合意による取得など一定の場合のものについても適用されます（461条1項1～7号）。自己株の取得は出資金の払い戻しであり、制限を設けないと会社財産の流出になるからです。

③欠損塡補責任

会社が「中間配当」など定時株主総会の決議によらない剰余金の配当を行ったり、一定の自己株の取得を行ったりしたとき、その事業年度末の計算書類が確定された段階で、「分配可能額」がマイナスとなった場合、その配当業務を行った業務執行者（担当した取締役）らは、連帯して、マイナスとなった金額、または株主に交付した金額のいずれか低い方の金額を補塡する責任を負います（465条）。「**欠損塡補責任**」といいます。こうした規制がないと年度末に計算書類が確定するまでの間、会社財産がどんどん流出し、結局、株主に対する適正な配当を続けられなくなります。そうした事態を防ぐためであり、株主や会社債権者を守るための規制です。業務執行者（担当した取締役など）は、無過失であったと証明できれば責任を免れます（同条1項本文ただし書）。

5 取締役の対第三者責任

(1) 対第三者責任の趣旨

取締役は会社との間で「委任契約」を結んでいるのですから、その民事責任は基本的に以上に述べてきた「会社」に対する責任に限られるはずです。が、例外的に会社以外の「第三者」に対しても民事責任を負うことがあります。取締役の業務は「会社」というビジネスシステムを動かす仕事であり、会社以外の人々・組織にも大きな波及効果が及びます。そこで取締役が業務上、「悪意」(知りながら)、**「重過失」**(とんでもないミス)があるときには、その第三者に対して賠償責任を負うとされているのです。第1章でご紹介した「再生タイヤ会社事件」(第1章4節)に関して言えば、取締役が自分の業務執行について、失敗するとわかっている、失敗することは誰でもが気づくという状況があれば、そうした杜撰な業務執行で迷惑を受けた第三者に対しては、取締役がたとえその第三者に対する認識はなくても、賠償責任が生じるのです。それが**「取締役の対第三者責任」**です

（429条1項）。

取締役としては、日常の業務を善管注意義務、忠実義務に従って誠実に進めることに全力を注ぐべきです。そのことがそのまま対第三者責任を回避することになります。

(2) 虚偽記載による対第三者責任

取締役（執行役も）は、①株式、新株予約権、社債、新株予約権付社債の募集をする際の通知や目論見書などの説明資料で、重要な事項について虚偽を記載（電子情報を含む）した場合、②計算書類、事業報告、これらの附属明細書、臨時計算書類に、重要な事項について虚偽を記載（電子情報を含む）した場合、③虚偽の登記をした場合、④虚偽の公告（ホームページを含む）を行った場合は、取締役は、これによって損害を被った「第三者」に対して賠償責任を負います（429条2項1号）。同様の規定は、監査役・会計参与・会計監査人についても定められています（同項2号、3号、4号）。

会社の外の世界では多くの人や組織が、会社の①〜④の記載を信頼して活動しています。その信頼を守るため、取締役らに重い民事責任を負わせているのです。ただし、取締役らは、注意を怠らなかったと証明できれば責任を回避できます（429条2項ただし書）。

（3）一般の不法行為による責任

取締役が業務執行を行う際に、その業務の影響を受ける社外の第三者に対して故意、過失がある場合は、民法上の原則である「不法行為」として、その第三者に対する損害賠償責任が生じます（民法709条）。取締役として杜撰な商品設計に関与し、普通の人なら、「その製品を使用した消費者がケガをする」と当然にわかるような状況が考えられます。

6 連帯のルール

複数の取締役、執行役らが、会社または第三者に対して責任を負うときは、連帯責任とされます（430条）。

7 株主代表訴訟

(1) 株主代表訴訟とは何か

「株主代表訴訟」とは、取締役の「会社に対する責任」について、会社が責任を追及しない場合に、一定の資格を持つ株主が会社に代わって取締役に対して責任追及の訴訟を提起できる制度です(847条)。取締役の「会社に対する責任」が生じているのに、肝心の会社が「役員同士の仲間意識」で責任追及を渋ることに備えて、株主がみずから立ち上がって提訴できる制度であり、「株主主権」に基づく権限といえます。本来は会社が行うべき責任追及を代わりに株主が行うのですから、株主は「対象の取締役は会社に賠償せよ」と追及するのであって、「株主自身に賠償せよ」と追及する制度ではありません。

この「会社に対する責任」は先に述べた任務懈怠責任、特別の責任に限らず、会社との取引で取締役が会社に負っている債務など、会社に対する責任をすべて含みます(最高裁、2009年3月10日判決)。

(2) 追及権限のある株主

株主代表訴訟で責任追及をできる株主は、6カ月前から引き続き株式を保有している株主です(847条1項)。非公開会社ではこの「6カ月要件」はありません。

(3) 追及対象となる役員

株主代表訴訟で責任追及の対象となるのは、取締役、会計参与、監査役、執行役、会計監査人です。

(4) 株主代表訴訟のプロセス

①提訴請求

株主代表訴訟のプロセスは次のようなものです。まず、追及権限のある株主が、会社の監査役(会社のタイプにより監査等委員、監査委員。以下、この項では合わせて「監査役等」といいます)に対して、書面または電子メールにより、対象となる取締役の氏名、損害賠償額などで追及する目標、責任の原因となる事実を示して、責任を追及するように求めます。**「提訴請求」**といいます。監査役等に提訴請求するのは「会社vs.取締役」訴訟では監査役等が会社側の代表者となるからです（第3章8節）。

株主は、自分や第三者の不正な利益を目的としている場合や、会社に損害を与えることを目的としている場合は、提訴要求はできません（**「不当提訴の排除」**、847条1項ただし書）。実例として、株主が、会社から警告を受けながらも会社に対する誹謗中傷行為を行い、数件の訴訟を提起した後に代表訴訟を提起した事案で、裁判所が数件の訴訟の内容に照らせば「取締役らを困惑させる目的で、嫌がらせの手段として、本件本案事件の訴えを提起したものであると推認される」としたケースがあります（「印刷会社事件」東京地裁、2012年7月27日決定）。

②提訴請求を受けた監査役などの検討

監査役等が提訴請求を受け取ってから60日以内に、会社側が株主の請求に応える提訴をしないときは、提訴請求をした株主はみずから対象取締役に対して、会社のために責任追及訴訟を提起することができます（847条3項）。「60日」の数え方は提訴要求書が到達した日の翌日から丸60日間です。この「60日」は監査役等が対象とされた取締役を提訴するか否か、事実調査を行い、検討し、結論を出すための期間です。

③会社側の提訴・不提訴

●会社が取締役を提訴するとき

監査役等は「株主の指摘するとおりだ」と判断したときは会社を代表して対象とされた取締役を提訴することになります。その場合、会社は提訴したことを遅滞なく「公告」するか、全株主に「通知」しなければなりません（849条5項）。

民事訴訟は原告と被告との間で行われるものですが、その判決の内容に利害関係を持っている第三者は原告・被告の一方を補助するために訴訟に加わることができます。**「補助参加」**といいます（民事訴訟法42条）。原告会社と被告取締役とだけで訴訟を行っていると、馴れ合い訴訟になるおそれがあるので、株主が「会社側はしっかりやるように」と「補助」するために参加できる制度です。

会社が取締役を提訴した訴訟で被告取締役と「裁判上の和解」をするには、監査役等の同意が必要です（849条の2）。

●会社が取締役を提訴しないとき

監査役等が「提訴すべきでない」と判断したときで、提訴請求した株主から「提訴しない理由を教えてほしい」と要求があった場合は、会社（監査役等）は、調査の内容、対象取締役の義務、責任の有無についての判断、理由を記載した「不提訴理由書」を書面または電子メールで株主に通知しなければなりません（８４７条４項。会社規２１８条）。

④株主の提訴

60日以内に会社による提訴がなされないとき、提訴請求をした株主は株主代表訴訟を提起することができます。例外的に、60日間を待っていたのでは会社に回復不可能な損害が生じてしまうような特別な事情があるときは、株主は直ちに代表訴訟を提起できます（８４７条５項）。

株主は提訴したときは遅滞なく会社に対して提訴したことを通知する義務があります（８４９条４項）。会社は判決の内容に利害関係がありますから、株主が提訴した訴訟に、取締役を補助するために参加すべき場合が多いと考えられます。その検討をする機会を会社に与えるためです。

⑤担保提供の申し立て

代表訴訟が提起されたとき、被告取締役は、代表訴訟の提起が「悪意」によるものだと**「疎明」**して、原告株主は「相当の担保」を立てるようにと裁判所に申し立てることができます（847条の4第2項、3項)。「疎明」とは「一応確からしい」と裁判所に認めてもらえる程度の立証をいいます。

原告株主の「提訴行為」が被告取締役に対する「不法行為」になる場合、被告取締役は原告株主に損害賠償請求ができますが、その場合に備えて賠償金を確保するためです。先に述べた「印刷会社事件」は担保提供が申し立てられた事案です。

⑥代表訴訟と和解

株主代表訴訟でも「裁判上の和解」ができます。ただし、会社が当事者になっていない場合は、会社の「承認」が必要です（850条1項)。

(5) 多重代表訴訟

「最終完全親会社」（完全親会社であり、その上にさらに親会社がない会社）で6カ月前から株式を保有している株主は、完全子会社の取締役に対して、先に述べたプロセスを経て、株主代表訴訟を提起できます（847条の3第1項）。代表訴訟の趣旨が二重に組み込まれている構造なので**「多重代表訴訟」**と呼ばれています。この規定により、ホールディングスの株主は、ホールディングス傘下にある会社の取締役の責任追及訴訟を提起することができます。

(6) D&O保険について

「D&O保険」（「役員等賠償責任保険」Directors and Officers Liability Insurance）とは、取締役が株主代表訴訟や対第三者責任によって負うことのある経済損失をカバーする保険です。取締役のほか会計参与、監査役、執行役、会計監査人も対象となります。以下この項および次の節では合わせて**「取締役等」**といいます。以前は、「D＆O保険」の保険料を会社が負担してよいのか、疑問が提起されていました。株主代表訴訟は、会社が取締役等に追及すべき責任を株主が代わって追及するのですから、その保険料を会社が支払うのはおかしいのではないかという議論です。

そこで会社法は、会社が保険契約者となって、取締役等全員を被保険者として、取締役等が業務を進めるうえで責任を負うことによる損害、責任追及にかかる請求を受けることで負うことのある損害をカバーする保険契約を保険会社と締結するには、取締役会で契約内容を決定することとしています（430条の3第1項）。「ボードなき会社」では株主総会の決議です。そうすれば利益相反に関する規定も適用しないとされています（同2項、3項）。これにより、会社が保険料を負担できることが明確になりました。

公開会社は、D&O保険に関する事項を事業報告に記載して株主に開示する義務が課されています（435条2項、会社規119条2の2号）。これにより「株主重視経営」が充たされています。

取締役としては、D&O保険の内容、どのような場合に保険対象外となるか、相続の場合にどうなるか、保険金の額など、会社が締結しているD&O保険の内容を確認しておくことが必要です。

8 取締役の責任を軽減する制度

(1) 取締役の責任軽減に関する基本的な考え方

会社法には取締役の責任の免除・軽減など、責任を軽減する制度も定められています。取締役等の「会社に対する責任」は、「取締役 vs. 会社」という関係ですから、一方当事者である会社の意向によって責任が免除、軽減されることも不合理ではありません。ただし、その会社の「意向」は馴れ合いを排した適正なものでなければならず、実質的な委任者である「株主」の意向、免除・軽減に関するデュープロセスが重んじられるべきです。以下に説明することは、会計参与・監査役・執行役・会計監査人にも該当します。

(2) 総株主の同意

まず、取締役の会社に対する「任務懈怠責任」は「総株主の同意」があれば免除するという制度があります（424条）。議決権を持たない株主を含めた全株主の同意が必要です。が、株主が大勢いる会社ではこの方法はきわめて困難でしょう。

(3) 株主総会決議による責任の軽減

取締役の責任は株主総会の「特別決議」によって一定限度まで軽減することができます(425条1項、309条2項8号)。軽減の要件は、①取締役が職務を行うにつき、「善意」(知らなかった)であり、しかも「重大な過失」(とんでもないミス)がなかった(無重過失)ことです。責任軽減の議案を株主総会に提案する取締役は、責任の原因となった事実とその賠償額を示し、軽減すべき理由、軽減の予定額を説明しなければなりません。また、議案提出に際してはすべての監査役、監査等委員、監査委員の同意が必要です(425条2項、3項)。いずれも、デュープロセスの一環です。

軽減できる限度額は、代表取締役・代表執行役は年俸の6年分、業務執行取締役・執行役は4年分、非業務執行取締役、会計参与、監査役、会計監査人は2年分までです(「6・4・2の原則」425条1項1号)。各自が新株予約権(ストックオプション)を引き受けている場合はその財産的利益が限度額に加算されます(425条1項2号)。以上は「**最低責任限度額**」と呼ばれます。

この制度は株主代表訴訟が提起されるかもしれない状況で、株主総会で事実を開示しなければならないのですから、実際的ではなく、使われにくいと思います。

(4) 取締役会決議による責任の軽減

定款に、取締役が善意・無重過失で、特に必要があるときは、取締役会決議をもって「最低責任限度額」まで責任軽減できるとする規定を設けておき、事例が発生したときは取締役会決議で責任軽減ができるという制度もあります(426条1項)。定款に定めるとする点で株主の意向を重視する制度です。

(5)「責任限定契約」による責任の軽減

実務で広く用いられているのは**「責任限定契約」**による責任の軽減です。定款に、非業務執行取締役、会計参与、監査役、会計監査人(以下、非業務執行取締役等といいます)との間で、その責任について、善意・無重過失を条件として、定款で定めた額か最低責任限度額のいずれか高いほうを限度として軽減できる契約(「責任限定契約」)を締結できると定めてよいという制度です(427条1項)。定款で定める意味は株主の意向尊重です。また、この定款変更議案を株主総会に提出するには監査役、監査等委員、監査委員の全員の同意が必要とされています（427条3項、425条3項）。デュープロセスの一環です。

取締役候補者が、責任限定契約を締結している人であるとき、締結する予定であるときは、契約の概要を株主総会参考書類に記載する必要があります（会社規74条1項4号）。責任限定契約を締結している非業務執行取締役等に任務懈怠があり、会社が損害を被ったときは、会社はその後、最初に開かれる株主総会で、契約を締結した理由、責任の原因事実、軽減できる額を開示することを義務付けられています（427条4項）。

9 補償契約

(1) 補償契約とは何か

会社は、取締役会決議（「ボードなき会社では株主総会決議」）を経れば、取締役、会計参与、監査役、執行役、会計監査人（以下、**「取締役等」**といいます）との間で**「補償契

約」を締結することができます。「補償契約」とは、①取締役等が、執務するに際して、法令に違反したことが疑われ、または責任の追及に関する請求を受けたことに対処するために支出した費用（**防御費用**）、②取締役等が執務するに際して、第三者に生じた損害を賠償する責任を負う場合の、**損害賠償金**、和解成立により金銭を支払うことによる**和解金**、以上の全部または一部を会社がその負担をした取締役等に補償する契約です（430条の2第1項）。

（2）防御費用

前項①の防御費用とは、取締役等が、法令違反を理由に、「会社に対する責任」や「対第三者責任」があると疑われ、これに対応するため各種調査を行ったり、弁護士に依頼したりする費用です。ただし通常必要とされる費用を超える部分は補償されません（430条の2第2項1号）。弁護士料が不相当に高いときなどは補償されないということです。

防御費用を補償された取締役等が、自己や第三者の不正な利益を図っていたり、会社に損失を与える目的があったりするときは、会社は、これを知ったとき、当該取締役等に対して、補償した金銭の返還を求めることができます（同3項）。

図表 10-2
会社が補償できない場合

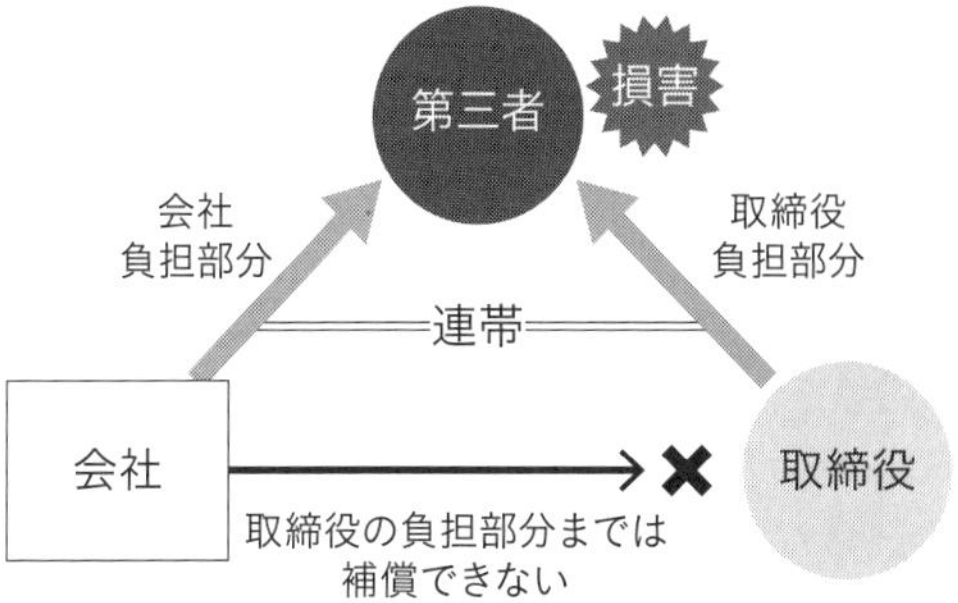

(3) 賠償金・和解金

先に挙げた②の損害賠償金、和解金に関しては、取締役等に執務に際しての「悪意」「重過失」があったときは、会社は補償することはできません（430条の2第2項3号）。「通常の過失」であれば補償することができます。

また、取締役等の第三者責任について、仮に会社が第三者に損害を賠償した場合、当該取締役等が会社に対して「任務懈怠責任」を負うことになる場合は、その責任に該当する部分は補償できません（430条の2第2項2号）。会社も取締役と連帯して賠償責任を負っている場合、もし、会社が取締役に全額を補償してしまうと、本来は取締役が自己負担すべき部分まで会社が負担することになるからです（図表10－2）。

(4)取締役会への報告

補償契約に基づいて補償を行った取締役と、補償を受けた取締役（執行役も）は遅滞なく、その補償についての重要な事実を取締役会に対して報告する義務があります（430条の2第4項）。ガバナンス充実のためです。報告された内容は取締役会議事録に記載されます（会社規101条3項6号チ）。

(5)開示

公開会社は補償契約に関する一定の事項を事業報告で開示する必要があります（会社規121条3の2号）。一定の事項とは契約を締結している取締役等の氏名、補償契約の概要などです。株主に開示することで株主にチェックの機会が与えられます。

10 取締役と刑事責任

（1）取締役と刑事責任

取締役は株式会社という経済システムを動かす権限を持ち、複雑な利害関係が錯綜するビジネスシーンの最前線で活動します。会社の重要な財産やトップシークレットにも日常的に触れる立場にあります。それだけに、刑事責任のリスクについても知っておく必要があります。

（2）特別背任罪

「特別背任罪」とは、取締役が、自分や第三者の利益を得る目的または会社に損害を与える目的で、取締役としての任務にそむく行為をし、会社に損害を与える罪です（960条1項、10年以下の懲役か1000万円以下の罰金、または併科）。会計参与、監査役、執行役にも適用されます。特別背任罪には2つの型があります。第1は、自分や第三者の利益を得ることを目的とする**「図利（とり）目的型」**で、第2は会社に損害を与えることを目的とする**「加害目的型」**です。

第1の「図利目的型」は自分の利益と会社の利益が衝突するときは会社の利益を優先させるべしとする「忠実義務」に違反する行為です（第8章）。実例として、百貨店の代表取締役が知人の会社を経由して通常より高く商品を仕入れることで知人の会社に利益を上げさせ、その結果、百貨店に15億円を上回る損害を生じさせたことが特別背任罪に該当するとされた事例があります（「百貨店背任事件」東京地裁、1987年6月29日判決）。

第2の「加害目的型」としては、たとえば、会社に恨みを抱いている取締役が内規で定められている投資枠を意図的に超えて投機的取引を展開して会社に損失を生じさせるといった事例が考えられます。

(3) 有価証券報告書の虚偽記載

重要な事項について虚偽記載のある**「有価証券報告書」**を内閣総理大臣に提出した者（代表取締役など）は有価証券報告書虚偽記載罪に問われます（金商法197条1項1号、10年以下の懲役か1000万円以下の罰金、または併科）。一般投資家にとって「有価証券報告書」は、上場会社の企業価値を自主的に判断し投資活動を行うために必要不可欠なものです。そこに虚偽の事項を記載することは投資家をだます重大な犯罪です。

実例として、光学機器メーカーの社長、会長らが2007年3月期から2011年3月期にかけて、各年度の有価証券報告書について、虚偽の記載をして有罪とされた事例があります（「光学機器メーカー粉飾事件」東京地裁、2013年7月3日判決）。

(4) 違法配当

取締役、執行役が、財源規制に反して違法に剰余金の配当を行ったときは「違法配当の罪」として刑事責任を問われます（963条5項2号、5年以下の懲役か500万円の罰金または併科）。事例として、証券会社の代表取締役会長、代表取締役社長が、巨額損失を過少に計上する粉飾決算を行ったうえで配当可能利益（現在は「剰余金」）がないことを知りながら約60億円の配当を行ったことが違法配当に該当するとされたケースがあります（「証券会社違法配当事件」、東京地裁、2000年3月28日判決）。

（5）利益供与

4節（3）で述べたように会社は「株主の権利行使」に関連して株主やその他の者に対して、会社や子会社を通じて財産的な利益を供与することを禁止されています。違反行為に関与した取締役などに対しては刑事罰が科されます（**「利益供与罪」**、970条1項。3年以下の懲役か300万円以下の罰金）。

（6）インサイダー取引関連行為

①インサイダー取引

取締役は典型的な「インサイダー」ですから、自社株の取引については慎重さが必要です。インサイダー取引に対しては刑事罰が科されます（金商法197条の2第13号、5年以下の懲役か500万円以下の罰金または併科）。インサイダー取引によって得られた株式は「没収」され、金銭は「追徴」されます（同法198条の2第1項2号、2項）。取締役は、「会社の株価が動く情報」を得たときは、情報が開示されるまで会社の株式の取引は控えなければなりません。

②インサイダー情報の「伝達罪」

取締役が会社のインサイダー情報を得て、他人に儲けさせてやろう、損を免れさせてやろうという目的で、その情報を他人に伝えると「**情報伝達罪**」として処罰対象になります（金商法１６７条の２第１項、１９７条の２第14号、５年以下の懲役か５００万円以下の罰金または併科）。あなたが友人に儲けさせてあげようと思って、「ウチの会社が近く増資するのですよ」と言うだけで犯罪になるのです。

③インサイダー取引の「推奨罪」

取締役が会社のインサイダー情報を得て、他人に儲けさせてやろう、損を免れさせてやろうという目的で、他人に会社の株取引を勧めると、「**推奨罪**」として処罰対象になります（条文、刑事罰とも情報伝達罪と同じ）。上場会社の取締役は、こと情報に関しては友人、知人、家族との接し方にも節度が求められます。

著者略歴

中島 茂（なかじま・しげる）

中島経営法律事務所代表

1977年東京大学法学部卒業。79年弁護士登録。83年企業経営法務を専門とする「中島経営法律事務所」を設立、現在に至る。弁護士・弁理士。投資信託協会規律委員会委員、財務会計基準機構評議員会評議員、東京理科大学上席特任教授。

著書に『戦略法務入門』（中央経済社）『経営トップの企業危機管理チェックポイント21』『役員がつまずくあぶない株取引』（いずれも商事法務研究会）『社長！それは「法律」問題です』（共著、日経ビジネス人文庫）『「不正」は急に止まれない！』（日経プレミアシリーズ）『取締役物語―花と嵐の一年』（中央経済社）『最強のリスク管理』（金融財政事情研究会）『その「記者会見」間違ってます！』『株主を大事にすると経営は良くなるは本当か？』（いずれも日本経済新聞出版）ほか多数。

日経文庫 1441

取締役の法律知識

1995年 7月 7日 1版1刷
2021年 6月23日 4版1刷
2024年 9月 4日 　　4刷

著者 中島 茂
発行者 中川 ヒロミ
発 行 株式会社日経BP
日本経済新聞出版
発 売 株式会社日経BPマーケティング
〒105-8308 東京都港区虎ノ門4-3-12

装幀 next door design
本文デザイン 野田明果
組版 マーリンクレイン
印刷・製本 三松堂

 ISBN978-4-532-11441-1
Printed in Japan